살아남는 **회사**

NOKORERU KAISHA
: KOSTOISIKI NO HENKAKU

Copyright ⓒ 1973 by Ryo Satoh.

All rights reserved.
Original Japanese edition published by JEMCO NIHONKEIEI LTD.
Korean translation rights arranged with
JEMCO NIHONKEIEI LTD. Japan.

이 책의 한국어판 저작권은 佐藤 良와의 저작권 계약에 따라 도서출판 페이퍼로드가 갖고 있습니다.
신 저작권법에 의하여 한국 내에서 보호를 받는 저작물이므로 무단전재와 복제를 금합니다.

佐藤 良, 殘れる會社 : コスト意識の變革, ジェムコ日本經營, 1973

페이퍼로드
paperroad

| 책머리에 |

기업의 생존을 좌우하는
사소하지만 결정적인 힘, 코스트

대부분의 일본 기업은 대량생산과 대량판매에 의해 오늘날까지 성장을 거듭해 왔다. 각 기업이 모두 설비투자에 중점을 두고 설비의 확대와 충실을 기하기 위해 거액의 설비사금을 쏟아 부어왔던 것이다. 이들 설비투자는 대량생산이 이루어지는 동안에는 쉽사리 생각할 수 있지만 계속적인 엔화의 절상으로 경제계에 변동이 생겨 생산이 위축되든가 고작 현상유지선에 머물게 되면 기업으로서는 엄청난 고통을 겪게 된다.

국제수지 개선방안은 종전과 같은 양산지향정책을 바꾸고 모든 기업이 양에서 질로 근본적인 전환을 시도하는 것이다. 제품의 질, 설비를 포함한 제조방식의 질, 기업전략이라든가 매니지먼트의 질을 이 기회에 진지하게 연구하여 개혁을 추진해 나가지 않으면 모든 기업의 생존은커녕 일본이라는 국가마저도 세계에서 신뢰받는 선진공업국가로서 존속하지 못하게 된다.

  오늘날 세계는 글로벌 인플레이션, 무역수지의 불균형, 일본과 미국과의 생산성 및 임금의 격차, 생력화, 생인화, 투자의 활성화 등의 요인으로 인한 지속적 인플레이션의 심화로 고통받고 있다. 일본 또한 자국의 인플레이션을 억제하면 제3차, 제4차 엔 절상을 회피할 길이 없다는 매우 난처한 처지에 놓여 있어 모든 기업이 눈앞에 닥친 가혹한 시련을 어떻게 하면 극복할 수 있을까 하는 중대한 과제를 안고 있는 실정이다.

기업의 미래를 위협하는 적자생존의 기업환경

기업을 위협하는 첫 번째 과제는 뭐니 뭐니 해도 임금의 상승일 것이다. 금융 완화시대임에도 불구하고 1,000만 엔 이상의 부채를 안고 도산하는 회사가 1년에 1만 개 가까이 되는데, 도산의 주요 요인은 임금의 상승이라고 한다. 지난 몇 해 동안만 보아도 알 수 있듯이 임금이 해마다 16퍼센트씩 상승을 계속하게 되면 10년 후에는 4.4배가 되며, 18퍼센트의 승급이라면 10년 후에는 5.2배가 된다. 10년 후 5배라는 말은 현재 10만 엔의 봉급생활자가 10년 후에는 50만 엔을 받게 된다는 말이다.

그러나 일본 기업의 90퍼센트 이상을 차지하는 중소기업의 경영 상태를 살펴보면 종업원 1명의 1개월 당 이익액이 2만 엔이 못되는 회사가 태반이다. 이 말은 1년에 1만 엔의 승급을 실행했을 때 2년까지는 버틸 수 있지만 3년째부터는 꼼짝 못하는 상황으로 몰리고 만다는 말이다.

두 번째는 요즘의 환경소송판결에서 보듯이 산업폐기물 등에 의한 자연파괴라든가 생활환경의 악화를 방지하기 위해 기업이 스스로 져야 하는 공해대책에 관한 문제이다. 현행법 규정에 비추어 보아 이 정도면 충분할 거라는 안이한 자세로는 기하급수적으로 늘어나는 국민의 공해방지에 대한 강력한 요구를 충족시킬 수 없다. 물론 공해방지를 위한 관련법 규정은 더욱더 엄격해질 것이며 그렇지 않다 하더라도 환경을 위해서 기업 스스로가 근본적인 대책을 확립해 나가지 않으면 안 될 상황이다.

환경대책비는 기업에서 공통설비비의 항목으로 분류되는데 이 공통설비비가 차지하는 비율은 공작기계나 산업기계 등 이른바 부가가치를 확실하게 낳는 개별설비비와 비교해볼 때 대체로 10~15퍼센트 정도이다. 그러나 앞으로는 환경설비를 중심으로 하는 공통설비비가 해마다 늘어나서 아마도 대부분의 기업이 곧 20~30퍼센트에 육박하는 비용을 대게 될 것이다. 이러한 경비지출은 기업이 사회적인 책임을 다하기 위해서 하는 것이지 경영상의 영리적 이점을 얻기 위한 투자는 아니다.

또한 도시에 있는 공장은 앞으로 점점 이전을 하지 않을 수 없을 텐데, 그렇게 되면 그 상각비도 엄청난 액수에 이를 것이며 해마다 늘어나는 산업폐기물의 처리를 위한 운반비나 처리비도 더욱 늘어날 것이다.

기업을 위협하는 세 번째 문제점은 기술혁신의 진전이나 업계의 과당경쟁에 따라 제품의 라이프 사이클이 해마다 짧아진다는 것이다. 자동차는 해가 다르게 모델이 업그레이드 되고 있고 가전제품은 분기별로 신형이 개발되어 판매되고 있다. 제품의 라이프 사이클이 짧아진다는 것은 그만큼 연구개발비, 설계비,

시범제작비, 치공구비, 교육비, 공장 레이아웃 변경비, 영업비, 홍보비 따위가 늘어나 코스트적으로 엄청난 압박을 받게 된다는 말이다.

네 번째로 문제가 되는 것은 노동시간의 단축이다. 미국은 1주일에 35시간을 일하지만 일본의 노동시간은 주 43시간이라고 한다. 일본에서도 실제 근무 시간의 단축은 급속하게 진전되고 있으며 주5일제가 정착하고 있다. 이미 미국에서는 주4일제를 실시하고 있는 기업도 있고 일본의 경우도 몇 해 안에 주당 노동시간은 35시간 전후가 될 것이다.

물론 노동시간의 단축은 시대의 흐름이며 인간다운 생활을 위해서는 바람직한 일이다. 하지만 생산성의 측면에서 볼 때 주5일제는 기업에 악재로 작용한다. 어떤 학자는 주5일제가 생산성의 향상에 기여한다고도 말하고 있지만 그것은 주5일제를 실시함으로써 오는 손실을 충분히 메우고도 남을 정도의 강력한 합리화를 단행하고 있는 경우에나 해당되는 말일뿐이다. 사실 노동의 질이나 속도를 획기적으로 개선하지 않는 이상 주5일제 실시 이후 생산성의 향상은 꿈도 꿀 수 없는 일이다.

　오늘날 기업이 직면하고 있는 문제는 이밖에도 여러 가지를 들 수 있는데 기업으로서는 모두가 비관적인 내용들뿐이다. 그러나 이러한 조건을 극복하고 이익을 올려 살아남아야 하는 것이 또 모든 기업의 사명이 아니겠는가.

원가절감에서 시작하는 매출극대화 전략

그러면 기업이 이익을 올리는 방법에는 어떤 것이 있을까? 여러 가지 대책이 있을 수 있겠지만 근본적으로 따지고 들어가면 다음 세 가지로 귀결된다.

① 판매가격을 높인다.
② 매출을 늘린다.
③ 원가를 낮춘다.

이상의 세 가지 방법 중 판매가격을 높인다는 방법은 독과점 기업이 아닌 이상 오늘날과 같이 치열한 기업경쟁의 시대에는 도저히 허용될 수 없는 문제이다. 설령 판매가격을 높인다고 하더라도 그로 인해 매출이 급격하게 줄어든다면 아무 소용이 없기 때문이다.

따라서 남겨진 방법은 ②, ③의 방법밖에 없다. 즉 전체 매출을 늘리려면 어떻게 해서든지 쓸모 있고 매력적인 신제품을 개발해서 새로운 시장, 새로운 고객을 찾아내야 하며, 동시에 연구를 통해 기업 활동의 모든 과정에서 원가절감을 실현, 절감액을 이익으로 돌려야 한다는 소리다.

오늘날 모든 기업에서는 이 두 가지 문제에 대해 열심히 해결책을 내고 있다고 호언장담을 한다. 그러나 오랜 컨설팅 경험을 통해서 알아본 결과 실제로는 그 해결책에 많은 문제점이 있는 것 같다. 특히 손익의 열쇠가 되며 의사결정의 중요한 지표가 되는 코스트 문제에 대해서는 대부분의 사람들이 매우 빈약한 지식 이외에는 갖고 있지 못한 것 같다. 참으로 안타까운 일이 아닐 수 없다.

필자는 이 책을 쓰며 '코스트' 문제에 초점을 두고 의식 개혁을 실현하기 위해 여러 각도의 접근을 시도해 보았다. 기업의 경영자는 말할 나위도 없고 사무원에서 작업자에 이르기까지 적어도 이 책에서 필자가 말하고자 한 여러 가지 코스트의 지혜를 터득하여 발상과 행동을 바꾼다면 일상의 업무에 바로 도움이 될 것이다. 또 그렇게 하나하나의 작은 노력이 쌓이면 결국 크나큰 성과가 될 것이라고 믿어 의심치 않는다.

하코네에서
JEMCO 일본경영 회장 사토 료

| 한국어판 발행에 부쳐 |

기업의 최대 생존전략은 원가절감!

일본기업은 어떻게 살아남았나

지난번의 『원점에 서다』에 이어 저의 또다른 저서 『살아남는 회사』를 한국에서 발행하게 되어 매우 기쁩니다. 다행히 먼저 발행된 『원점에 서다』가 한국의 여러 경영자와 관리직 및 사원 여러분들의 많은 공감을 얻어 한국의 유수한 기업에서 앞 다투어 단체구입을 하고 연수교재로 활용되며 3쇄까지 발행하게 된 것에 대해 진심으로 감사드립니다.

본래 이 책 역시 『원점에 서다』와 같은 해에 초판이 발행된 것입니다. 그러나 오늘날 한국이 처한 상황인 임금의 급격한 상승, 수입개방의 세찬 파도, 노동시간의 단축, 설비의 급격한 진부화에 따른 설비 교체의 필요성 등, 기업의 앞길을 가로막는 여건은 엔 절상에 시달리던 당시의 일본과 거의 비슷하다고 봅니다. 한국기업도 코스트 의식을 깨우치고 코스트로 결판을 내는 강력한 체질과 역량을 갖추지 못하면 더 이상의 미래를 기대하기 힘들어진 것입니다.

따라서 좀 주제넘은 말일지 모르지만 오늘날 한국기업이 처한 상황과 똑같은 상황을 극복하고 오늘날까지 살아남은 일본기업들의 필독서였던 『살아남는 회사』가 바로 지금 한국에서 발행된다는 것은 매우 시기적절한 것이라 하겠습니다.

앞서 출간되었던 『원점에 서다』는 기업의 목적, 업무의 목적, 행동의 목적이 어디 있는가를 명확하게 인식하고 자신이 서 있는 위치를 정확하게 파악함으로써 목적을 이루기 위한 최단거리의 코스를 정하는 방향설정을 돕기 위해 쓴 책입니다. 그리고 이 책 『살아남는 회사』는 그렇게 정해진 코스를 달릴 때 어떻게 하면 에너지소비를 줄이고 편하고 값싸게 그리고 또 안전하고 빠르게 갈 수 있는지를 연구하는 방법론입니다.

에베레스트 정상은 예나 지금이나 변함없이 거기 있고 등반루트도 이미 몇 가지 코스가 개척되어 있습니다. 그러나 모든 등반팀이 정상정복에 성공하는 것은 아닙니다. 어떤 대원과 어떤 시기에 어떤 장비를 갖추고 어떤 일정으로 정상을 공략할 것인지에 따라 성공과 실패가 결정되기 때문입니다.

기업도 이와 마찬가지입니다. 결정적인 차이점이 있다면 실제 에베레스트 등반에서는 크게 작용하지 않는 조건인 '최소의 경비'가 기업의 서바이벌 전략에서는 최대의 조건이 된다는 것입니다.

이 책은 바로 이러한 방법론에 관한 사례집이자 매뉴얼입니다. 이 서바이벌 매뉴얼을 마스터할 때 항해는 안전 항로를 찾을 것이며 정상은 정복될 것입니다.

한국기업의 건투를 빕니다.

JEMCO 일본경영 회장 사토 료

CONTENTS

책머리에 | 4
한국어판 발행에 부쳐 | 14

Chapter 1 코스트 의식 개혁

철저한 코스트 관리로 승부한다? | 23
사장님의 숫자놀음 | 30
무섭도록 철저한 코스트 의식 | 35
아버지와 아들의 합삭농상 | 40
설계에서 결정되는 제품코스트 | 48
중소기업의 생존전략 | 52
설비투자의 진정한 목적 | 58
요식행위가 돼버린 원가검토회 | 64
무서운 감가상각비 | 69
태초에 수위가 계시니라 | 72
불량률을 줄이려고 사람을 더 쓴다? | 75
마이크로 코스트의 세계 | 79

Chapter 2 전략적 코스트 계산법

도배장이의 엉뚱한 견적서 | 85
주물과 용접 | 89
표준원가계산의 허점 | 94
눈이 먼 도장회사 | 99

모조리 금도금으로 하자 | 102
대량생산과 소량생산 | 105
기성복과 맞춤복 | 110
일 해주고 돈 물어낸 경영자 | 117
사람의 시간과 기계의 시간 | 121
백인백색 | 126
완벽한 코스트 계산 | 128
지나친 정직은 손해 | 132

Chapter 3 **잠재코스트의 현재화**

한심한 경비절감 운동 | 139
한눈에 알아보는 전화요금 | 143
컨베이어를 타고 흐르는 돈 | 148
모르는 게 약? | 154
재고관리의 허와 실 | 158
관리자여, 각성하라! | 162
배보다 배꼽이 더 크다니 | 170
인건비, 어떻게 할 것인가 | 175
쳐다보기만 해도 월급은 준다 | 179
토지와 다이아몬드와 에메랄드 | 183
한 명은 받지 않는 온천여관 | 186

Chapter **4** 코스트 매니지먼트

산이라고 다 같은 산이 아니다 | 193
남의 떡이 더 커 보인다 | 197
세법이나 상법에 얽매이지 마라 | 201
메리트와 디메리트 | 207
차액코스트란 무엇인가 | 212
이상한 나라의 원가 계산 | 216
시간당 가공비와 다단계 공정 | 220
뛰는 놈 위에 나는 놈 | 224
1미터의 길이 | 230
구매코스트 기준을 세우자 | 235

Chapter 1
코스트 의식 개혁

오늘날 많은 기업에서 원가절감을 부르짖고 있지만 단순한 구호에 그칠 뿐, 정말로 근본적인 코스트 개념을 확립하고 있는 곳은 많지 않다. 무턱대고 돈만 덜 들이는 것이 원가절감이라는 낡은 신념은 버려라. 시간과 공간, 그리고 인력의 개념까지 들어가야만 진정한 코스트 의식이라 할 수 있다. 그저 이면지 쓰는 것에 그치지 않는 과학적 코스트 의식이 무엇인지 실례를 통해 살펴보고 코스트 의식 개혁을 위한 기초를 다져보자.

:: SURVIVAL COMPANY

철저한 코스트 관리로
승부한다?

| 코스트 개념이 빠져있는
| 코스트 관리

간토 지방에 있는 어떤 자동차 회사에서 전사적으로 원가절감 운동을 전개하고 있었다. 필자가 그 원가절감 운동의 지도를 의뢰받았을 때의 이야기이다.

처음 공장을 방문한 날, 작업현장 상황을 알아보기 위해 공장 견학을 했다. 공장 안에는 '반기에 2억 엔 절감 운동'이라는 큰 현수막이 각 작업장마다 걸려 있고, 공장 안의 모든 기둥에는 어떤 작업반장이 응모해서 당선되었다는 표어가 적힌 스티커가 붙어 있었다. '철저한 코스트 관리로 승부하자'라는 그 문구는 과연 전사적인 원가절감 운동을 전개하는 그 기업에 어울려 보였다.

공장 안을 둘러보고 나서 응접실로 돌아온 나는 그 '철저한 코스트 관리로 승부하자'라는 표어를 지어낸 작업반장을 만나게 되었다.

"작업반장님께서 대단한 표어를 내걸었는데 반장님은 물론 코스트 관리에 철저히 임하고 있겠지요?"

"선생님, 저희 회사는 자동차를 만드는 회사입니다. 오늘날과 같은 무역자유화시대에 사느냐, 죽느냐 하는 문제의 심각성은 다른 업계와 비교가 되질 않습니다. 저희는 정말 온 정성을 다해 일하고 있습니다."

"그렇겠군요. 실례했습니다. 그런데 반장님께서는 원가절감 운동을 어떻게 전개하고 있습니까?"

"저희 부서에는 저와 2명의 조장, 반장 및 작업자까지 5명이 매주 토요일 오후에 그룹 활동을 하며 계획된 몇 가지 프로젝트를 달성하기 위해 애쓰고 있습니다. 구체적인 자료를 가지고 설명하겠습니다."

작업반장은 자세한 계획서를 가지고 와서 설명을 했다. 그 설명을 일일이 다 들은 다음 이 계획이 모두 완성될 경우 절감액은 얼마나 되냐고 물었더니, 반기에 5백만 엔쯤은 되리라는 대답을 했다. 그런데 아무래도 뭔가 이상했다. 내 머릿속 계산기로는 5백만 엔은 무리이고 기껏 1백만 엔쯤 될 정도였기 때문이다. 과연 이 작업반장은 코스트에 대해 올바른 인식을 가지고 있는 것일까 싶어 담당하는 작업반을 보여달라고 청해 엔진밸브 제작 현장으로 직접 가보았다.

첫 번째 공정 단계에서 물었다.

"작업반장님, 엔진밸브의 재료는 니켈크롬강이지요?"

"그렇습니다."

"그러면 여기서 하고 있는 절삭작업은 모두 초경바이트를 쓰고 있겠군요. 지금 이 작업자가 쓰고 있는 바이트는 한 개에 얼마쯤 합니까?"

"글쎄요, 그건 모르겠습니다."

다음은 연마공정. 그런데 거대한 연마기가 가동되지 않고 있는 것이 아닌가.

"왜 가동하지 않습니까?"

"오늘은 공정관계로 오전 중에만 가동합니다."

"그렇다면 오후엔 작동하지 않는군요."

"그렇습니다."

"작업반장님, 이 기계를 오후 반나절 동안 세워놓으면 그 시간

동안의 감가상각비는 얼마나 먹힙니까?"

"반나절의 감가상각비 말인가요? 글쎄 그건…."

세 번째는 소각공정이었다.

"이거 굉장히 훌륭한 대형 전기로군요. 이걸 1시간 가동시키면 전기요금은 어느 정도 듭니까?"

"…선생님은 참 짓궂으시군요. 아까부터 제가 모르는 것만 물으시니…."

작업반장은 뒷머리를 긁으며 난처한 표정을 지었다. 결국 그는 코스트에 관해서는 아무것도 몰랐다. 계속 몇 가지 질문을 해보았으나 역시 제대로 된 대답은 듣지 못했다. 그런 주제에 '철저한 코스트 관리로 승부하자'라고 큰소리를 치고 있었으니 어처구니가 없을 수밖에 없다.

| 입으로만 반복하는
| 화재예방책

이와 비슷한 예로 흔히 입에 오르는 불조심 이야기가 있다. 어느 회사의 사장이 신문을 읽고 어떤 회사에 불이 났다는 사실을 알았다. 사장은 당장 임원회의를 소집했다.

"우리 회사의 화재예방책은 완벽한가? 날씨가 건조하니 단단히 조심하도록 부하 직원들에게 주지시키게."

임원진은 부장과 과장들을 불러 지시했다.

"사장님께서 걱정하고 계시니 불조심을 강화하도록!"

지시를 받은 부장과 과장들은 당장 계장들을 불러 모아 "불조심!" 하고 똑같은 지시를 했다. 계장은 또 작업반장에게, 작업반장은 또 작업자에게 "불조심!" 하고 구령을 외친다. 그런데 가장 말단에 있는 작업자는 지시를 내릴 부하가 없으므로 "불조심!" 하고 천장을 향해 외친다. 이런 식으로 불조심 명령이 내려가는 셈이다.

사장의 "불조심!" 지시가 그저 구호에 그치지 않으려면 다음과 같이 구체적인 형태의 화재예방책이 나왔어야 한다.

- 용접용 산소탱크의 밸브는 꼭 막았는가.
- 용접기의 불은 완전히 껐는가.
- 납땜용 전기인두를 콘센트에서 뺐는가.
- 재떨이의 담배꽁초 불은 껐는가.

하나하나 그 요인이나 요소를 알고 그것을 확인해야 비로소 불조심이 완전무결하게 완성된다.

코스트 문제도 이와 마찬가지이다. "코스트 절감, 코스트 절감" 하고 아무리 외쳐봐야 그것이 발생하는 요인이나 코스트 그 자체를 모른다면 헛된 불조심 구호와 다름없이 아무런 효과도 없을 것이다.

가정의 가계부도 마찬가지이다.

"여보, 지난달은 3만 엔, 이달은 4만 엔 적자예요."

아내가 이렇게 말할 경우, 남편은 어떻게 대답할 것인가.

"당신 정말 엉망이군. 내가 철저한 코스트관리로 승부를 걸자고 입이 닳도록 말했잖소! 좀더 확고한 코스트 의식을 가지고 살림을 꾸려요"라는 식으로 말할 것인가?

조금이라도 머리를 쓸 줄 아는 사람이라면 아내와 함께 좀더 구체적이고 확실한 대책을 세울 것이다. 소비항목별로 지출액을 조사하여 쓸데없는 지출을 줄이거나 물건을 좀더 아껴 쓰도록 자녀들을 교육하여 다음 달부터는 차질이 없도록 하는 것이 더 좋은 방법 아니겠는가.

- 다음 달부터는 구독하는 신문을 하나로 줄여 3,200엔을 절약하자.
- 외식비가 4만 엔이나 들고 있으니 다음 달부터는 당분간 외식을 3회로 줄여 한 달에 3만 엔 이내로 하자. 이렇게 하면 1만 엔을 절약할 수 있다.

이런 식으로, 코스트가 어디서 어떤 이유로 얼마나 발생하고 있는지 알면 코스트 대책은 얼마든지 세울 수 있는 법이다. 단순히 원가절감을 하자는 식의 추상적인 말이나 자세보다는 구체적인 항목별로 정량화해서 실천하는 것이 중요하다.

사장님의 숫자놀음

:: SURVIVAL COMPANY

| 웃기는 직접비
| 간접비 비율

요즘은 별로 듣지 않지만 한때는 기업체에 들를 때마다 듣게 되는 질문이 있었다.

"선생님, 저희 회사의 직접비와 간접비의 비율은 65 대 35인데 이상적인 비율은 어느 정도일까요?" 또는 "저희 회사 종업원 1명의 매출액은 현재 3,500만 엔인데 저희 같은 제조업체의 경우 일반적으로 어느 정도가 타당하다고 생각하시는지요?"

곰곰이 생각해보면 이런 건 전혀 쓸모가 없는 분석이다. 예컨대 매출액에 관해서 말한다면 회사에서 자체 생산하는 제조 코스트 비율과 외주로 구매하는 코스트의 비율에 따라 얼마든지 바뀐다. 또 직접비와 간접비 비율도 수위를 경비용역회사에 맡기거나, 식당을 회사 직영으로 운영하지 않고 업자에게 맡기거나, 또는 사내에서 하던 포장이나 운반을 외주로 돌리는 데 따라 크게 바뀌기 때문이다.

직접비와 간접비의 비율이 어떠하니 1인당 매출액이 어떠하니 하는 식으로 분석하는 것은 너무나 피상적인 현상에만 매달려 있는, 말하자면 본질을 간과한 계산법인 것이다. 그런데 일반 종업원은 몰라도 경영을 담당한 최고경영자가 이와 똑같은 실수를 저지르고 있다면 참으로 딱한 일이 아닐 수 없다.

어떤 회사에 이런 일이 있었다. 이 회사 사장은 친구인 다른 회사 사장으로부터 다음과 같은 이야기를 들었다.

"요즈음 우리 회사에서는 간접비 부문을 합리화해서 직접비와 간접비 비율이 7 대 3이 되었지."

이 말을 들은 사장은 회사로 돌아와서 곧 인사부장을 불러 회사의 직접비와 간접비 비율이 현재 어느 정도인지를 물었다. 인사부장은 잠시 후 6 대 4라고 조사결과를 보고했다.

"6 대 4로는 안 돼. 다른 회사에서는 간접부문의 합리화를 단행했다고 하니 우리 회사도 질 수는 없지 않은가. 간접부문의 합리화를 추진하게."

지시가 떨어지자마자 이 회사도 즉시 간접부문의 합리화에 착수하게 되었다. 지시를 받은 인사부장은 문제가 된 다른 회사가 어떤 방법으로 간접부문의 합리화를 실시했는지, 현재의 직접비와 간접비 비율이 어떻게 되어 있는지 등등을 조사해본 결과 뜻밖의 사실을 발견했다.

자신의 회사에서는 설계부문은 모두 간접부문 취급을 하고 있는 데 비해 상대 회사는 실제로 도면을 그리고 있는 설계자를 직접부문으로 분류하고, 설계의 일정관리나 도면 카피를 하는 사람들만을 간접부문으로 취급하고 있었다. 또 이쪽에서 모두 간접부문으로 분류하고 있는 검사부문을 상대 회사에서는 직접과 간접 두 가지로 분류하고 있었다. 이와 마찬가지로 이쪽에서 모든 영업 관계는 간접부문으로 취급하고 있는 데 비해 상대 회사에서는 시장조사부문이나 판매관리부문을 제외한 실제 세일즈맨은 모두 직접부문으로 취급하고 있다는 것 등등을 알게 되었다.

이래서는 비교를 할 수 없다는 결론을 얻어서 이쪽의 직접비와 간접비의 판정기준을 그 회사 식으로 고쳐보았더니 합리화를 추진하지 않은 현재로도 대략 7 대 3이 된다는 사실을 알았다. 인사부장은 곧 사장에게로 가 보고했다.

"사장님, 우리 회사는 사무의 간접부문 합리화를 하지 않아도 직접비와 간접비 비율이 그 회사와 마찬가지로 7 대 3이 되니 괜찮습니다."

이쯤 되면 무엇을 위한 직접비·간접비 비율인지 알 수가 없고 그저 우스갯소리로만 남는다.

| 아랫돌 빼서 윗돌 괸 운반공 감원

또 다음과 같은 이야기도 있다. 어떤 자동차 회사에서 계속적인 증산으로 간접공의 수가 계속 늘어나 사내의 운반공만도 모두 150명이나 되었다. 결국 인사부장이 제조본부장을 불러 증산을 위해 직접공이 늘어나는 것은 할 수 없지만 이에 비례해서 운반공의 수가 늘어나는 것은 바람직한 일이 아니라며 대책 마련을 종용하기에 이르렀다. 그런데 아무리 대책을 연구해보아도 이렇다 할 묘수가 떠오르지 않았다.

그러던 어느 날 공장 간부회의 자리에서 인사부장이 다시 사내 운반공 증가 문제를 따졌더니 제조본부장이 마침내 다음과 같은 방법을 제안했다. 이제 더 이상 운반공을 증원하지는 않고 그 대신 인력이 부족할 때에는 외부 운반전문업자에게 운반공정의 일부를 맡긴다는 것이었다. 그 방법은 곧 실시되었다. 사내 운반공에 결원이 생길 때마다 그 인원만큼 외부 운반공을 쓰는 방식을 취한 결과 1년도 지나기 전에 사내 운반공 인원수가 120명으로 줄었다. 물론 그 숫자만큼 외부업자의 운반비가 증가했지만 인사부장이 그런 실정을 알 리가 만무했다. 제조본부장을 추궁했던 인사부장은 그 후 간부회의 자리에 나가서 이렇게 말했다고 한다.

"그때 운반공 증가를 문제 삼았는데 그 후 제조본부장의 열성과 합리화 노력에 의해 그 당시보다 30명이나 줄어 큰 이득을 보았습니다."

문제는 표면에 나타난 현상만이 아니라 실제로 코스트가 어떻게 바뀌었느냐 하는 것이다. 그런데 기업체 간부들의 코스트 의식이 이 정도밖에 되지 않는다면 참으로 통탄할 일이라고 하지 않을 수 없다.

:: SURVIVAL COMPANY

무섭도록 철저한 코스트 의식

| 전 사원이 동참하는
| 원가절감 운동

앞 이야기와는 정반대로 코스트 의식이 철저한 회사도 있다. 나고야의 어떤 공장에서는 전무가 선두에 서서 전 사원들에게 2년 동안이나 철저한 코스트 교육을 실시했다. 이 회사를 방문했을 때는 컨설턴트인 나도 굉장한 회사라고 놀라고 말았다. 그도 그럴 것이 생산현장에 가보았더니 기계 하나하나에 '이 기계의 감가상각비는 1시간당 ○○엔'이라고 씌어진 팻말이 매달려 있는 게 아닌가. 예컨대 지그 보링머신에는 1시간 2,000엔, 래디얼 보링머신은 1,000엔, 수직보링머신은 500엔 등이 표시되어 있었다. 이는 비싼 설비나 기계는 절대로 쉬게 하

지 말고 쉬게 하려거든 값싼 기계부터 쉬게 하라는 생각에서 나온 것이다. 따라서 래디얼 보링머신 작업을 하고 있는 A씨가 출근해서 지그 보링머신 담당 B씨가 결근했다는 사실을 알면 '이 기계는 1,000엔, 저 기계는 2,000엔이니 이 기계를 놀리는 한이 있더라도 2,000엔짜리 기계를 가동시키자'라고 판단하여 지그 보링머신 작업을 하게 된다. 이 회사에서는 이러한 방식이 철저히 지켜지고 있었다.

또 공구실에서 빌려오는 마이크로미터를 비롯해 노기스, 스패너에 이르기까지 모든 공구에는 하나하나 가격이 붙어 있었다.

"이 마이크로미터는 156만 엔이다. 소중히 다루도록."

이러한 것을 자연스럽게 교육하고 있는 셈이었다.

금형 관리실에 있는 프레스 금형에는 부품번호와 금형의 종류 표시가 붙어 있는데 그 밑에는 큼직한 글자로 '금형대금 2,000만 엔'이라고 적혀 있었다.

"이 금형은 2,000만 엔이나 하는 것이다. 만약 금형이 파손되면 2,000만 엔의 손실이 나는 것이다. 이는 당신의 2년분 연봉에 해당한다. 소중히 다루도록."

이것이 그 목적이다. 이러한 사고방식은 생산현장뿐만 아니라 모든 부문에 철저히 침투되어 있었다. 서무과에서 지급되는 볼

펜에도 하나하나 단가표가 붙어 있다. 심지어 노트에도 한 장마다 가격이 인쇄되어 있다. 이렇게 해두면 메모지 대신 노트를 찢어서 쓰려고 하다가도 코스트를 생각해서 마음을 바꾸게 되는 것이다.

한 장당 200엔인 수료증 비용

한때 이 회사에서 IE 훈련과정을 맡은 적이 있다. 이 훈련과정은 단순히 IE이론이나 기법을 마스터할 뿐만 아니라 해당 회사의 프로젝트에 실제로 적용해서 20퍼센트면 20퍼센트라는 코스트 절감목표를 내걸고 이론과 실천을 동시에 추진하는 것이었다. 이 과정의 마지막 날에 수료증을 주기 위해 필자는 나고야로 갔다. 그런데 우리 회사 직원의 실수로 먼저 보내놓은 수료증에 수강자들의 이름이 적혀 있지 않았다. 이 과정의 지도를 담당한 우리 회사 컨설턴트가 이것을 보고 당황해하며 머리를 싸맸다.

"이름이 적혀 있지 않군. 회사 직인은 찍혀 있는데…. 큰일 났네. 이걸 어떻게 하지?"

"할 수 없지. 내가 세 시간 강연을 하고 있는 사이에 미안하지만 당신이 서무과장에게 부탁해서 이름을 적게 하시오."

나는 그렇게 지시하고 강의를 하러 갔다. 그런데 오전 강의를 끝내고 대기실로 갔더니 수료증과 붓 그리고 먹이 놓여 있는 것이었다.

"아직 이름을 적지 않은 것 같은데 어떻게 된 거요?"

"사정은 나중에 말씀드리겠습니다. 아무튼 점심시간에 좀 써 주십시오."

하는 수 없이 5분 만에 식사를 끝마치고 한 사람 한 사람의 이름을 기입하여 수료증을 완성시켜 수료식을 무사히 끝냈다. 돌아오는 열차 안에서 전후 사정 이야기를 듣고 필자는 무릎을 치고 탄복하고 말았다.

"사실은 이름이 적혀 있지 않다는 것을 알고 즉시 그 회사의 서무과장에게 가서 상의를 했는데 정말 놀라고 말았습니다. 여기 이름을 적어달라고 부탁을 했더니 '좋습니다. 적어드리지요. 하지만 한 장에 200엔, 20매니까 4,000엔을 주셔야겠습니다'라고 말하더군요. 어처구니가 없어 왜 돈을 내느냐고 물었지요. 그랬더니 '이 훈련과정의 비용은 수료증을 완전히 건네주는 일까지 포함시킨 것이므로 우리 회사가 대신 처리해주는 부분이 있다면 마땅히 값을 환불해주시는 것이 당연하잖겠습니까?' 라고 말하더군요. 그래서 우리가 직접 쓰면 4,000엔을 환불하지 않아도 되고 또 점심시간에 하면 코스트는 제로, 기회손실도 제로라고 생각해서 사장님께 부탁드린 것입니다."

과연 그렇다. 이 회사에서는 과별로 예산제도가 확립되어 있어서 만약 다른 과의 일을 맡아서 하면 그만큼 경비를 넘겨주는 제도를 취하고 있었던 것이다. 세상에는 이렇게까지 코스트 의식에 철저한 회사도 있다. 그렇게 철저히 따진 서무과장도 대단한 사람이지만 거기에 대응한 우리 회사 컨설턴트도 만만찮은 인물이다. 그 후, 그 회사로부터 붓과 먹의 청구서까지는 끝내 오지 않았다고 한다.

아버지와 아들의
합작농장

:: SURVIVAL COMPANY

| 초라한 화단에
| 숨어있는 사연

어떤 큰 회사의 사장으로부터 초대를 받아 그 집을 방문하게 되었다. 멋진 정원을 가진 훌륭한 저택이었다. 정원은 300평 정도 되어 보였는데, 푸른 잔디 가운데에는 철쭉꽃이 아름답게 피어있었고 그 너머에는 수령이 7, 80년은 됨직한 멋진 소나무가 정원을 굽어보고 있었다.

그런데 이상하게도 현관 가까운 곳 제일 좋은 자리로 보이는 10평 남짓한 화단에는 이미 시들어버린 꽃들이 초라한 몰골을 하고 있는 게 아닌가. 게다가 잡초 따위도 뒤섞여 있어서 잔디밭의 아름다움에 비해 무어라고 말할 수 없을 정도로 위화감을 주고 있었다. 나는 그 화단이 몹시 마음에 걸렸다.

"사토 선생님도 저 화단이 마음에 걸리십니까?"

"네?"

"저희 집에 오시는 분들은 모두 저 화단에 대해 묻거든요. 어째서 저런 것을 만들었느냐고 말입니다. 화단이 좀 지저분하고 볼품없지요?"

그 순간 나는 내 마음속이 들여다보인 듯한 느낌이었으나 솔직하게 그렇다고 대답하지 않을 수 없었다.

"하지만 그럴 만한 사연이 있습니다."

함께 차를 마시면서 그 화단을 마련하게 된 사연을 듣고 나는 역시 훌륭하게 될 사람은 다르다고 내심 크게 감탄했다.

이 사장에게는 이미 출가한 두 딸이 있는데, 둘째 딸이 태어난 지 15, 6년이 지나서 뜻밖에도 사내아이가 태어났다. 그 사내아이도 지금은 초등학교 5학년이다. 이 아이가 초등학교 3학년 때에 학교에서 원예를 배웠다. 선생님과 함께 씨를 뿌리고 구근을 심고 물을 주기도 하고 벌레를 잡기도 했다. 이윽고 땅에서 새싹이 돋아 예쁜 꽃이 피었다. 열 살의 그 아이는 처음 겪어보는 생명의 신비에 사로잡혀 거기에 열중하게 되었다. 어느 날 아이는 이 일을 집에서 제힘으로 해보고 싶어서 선생님께 청해 꽃씨와 구근을 얻어 왔다.

"엄마, 이 꽃을 가꾸어보고 싶어요. 우리집은 정원이 이렇게 넓으니까 괜찮겠죠?"

"네가 그런 일을 해서 뭘 하려고. 어른이 되면 공과대학에 가야 할 텐데."

어머니는 말을 들어주지 않았다. 그 아이는 회사에서 돌아온 아버지를 졸라댔다.

"엄마는 안 된다고 해요. 아버지, 꼭 하게 해주세요."

"그래, 꼭 그 꽃을 피워보고 싶으냐?"

"네, 꼭 하고 싶어요!"

"그 대신 한번 시작하면 끝까지 해보아야 한다. 도중에 그만두면 절대 안 돼."

"네, 끝까지 하겠어요."

"좋아, 그렇다면 생각해보지."

옆에서 이 대화를 듣고 있던 어머니는 여전히 찬성하지 않는 눈치였다.

"여보, 어린애에게 그런 일을 하게 해서 어쩌겠다는 거예요?"

소년원예주식회사의 화려한 탄생

이튿날, 그는 햇볕이 잘 드는 뜰의 한 구석 약 10평 정도를 갈아놓고 아이와 부인을 함께 불러서 말했다.

"네가 원예를 하고 싶다고 해서 밭을 만들었는데 이만한 넓이의 밭이면 지금 네가 가지고 있는 종자만으로는 모자랄 거다."

"네, 모자라요."

"또 연장도 없어서 일이 어려우니 필요한 연장들은 다 갖추어야겠지?"

"네, 그러고 싶어요."

"그러기 위해서는 돈이 필요하단다. 그래서 의논하는 것인데 우리 세 사람이 소년원예주식회사라는 것을 만들어볼까?"

"주식회사라는 것이 뭔데요?"

"너는 용돈을 얼마나 가지고 있지?"

"지금 1,000엔 갖고 있어요."

"그러면 그 1,000엔을 내놓아라. 아빠가 2,000엔, 엄마도 2,000엔을 내고, 그러면 모두 합쳐서 5,000엔이 된다. 그 돈으로 소년원예주식회사를 만드는 거다."

그렇게 말하고 자리에서 일어난 아버지는 책상 서랍에서 서류 한 통을 가지고 왔다. 그것이 바로 소년원예주식회사의 정관이었다. 이 정관이라는 것이 제대로 되어 있고 그 내용도 또 그럴 듯했다.

1. 출자금은 아버지가 2,000엔, 어머니가 2,000엔, 내가 1,000엔 내기로 한다. 그러면 자본금은 도합 5,000엔이 된다.
2. 아버지와 어머니는 많은 자본금을 냈기 때문에 아버지는 사장, 어머니는 부사장 겸 경리부장을 맡으며 나는 농장장이 된다.
3. 농장장의 일은 매일 원예장에서 벌레를 잡거나 물을 주어서 꽃을 가꾸는 일이다.
4. 농장장은 노동을 하기 때문에 매달 번 돈 중에서 월급 500엔을 받는다.
5. 꽃이 피면 그 꽃을 어머니에게 팔 것. 어머니는 꽃가게에서 파는 값으로 그 꽃을 살 것.
6. 구근이나 비료를 살 돈은 경리부장인 어머니한테서 받을 것.
7. 어머니에게 판 꽃값에서 나의 월급과 구근과 비료, 연장 등을 산 돈을 빼고 남은 돈이 이익금인데, 이 이익금은 처음에 자본금을 낸 비율에 따라 배분하여 1년에 한 번 배당한다.

설명을 다 듣고 나서 소년은 이런 말을 했다고 한다.
"엄마와 아빠는 월급을 타지 않나요?"

"엄마와 아빠는 자본금을 냈을 뿐이고 아무 일도 하지 않는다. 그러니까 매달 월급을 받지는 않지. 그 대신 돈을 많이 냈으니까 1년에 한 번 이익금이 나왔을 때에 배당을 많이 받는 거야."

"너, 비례 배분이란 게 무엇인지는 아니?"

"네, 알고 있어요. 저는 월급을 매달 500엔씩 받는 거지요?"

"물론이지."

"이익이 나면 또 받고요?"

"암 그렇고말고."

| 이익금을 어떻게 배당할 것인가

자기가 좋아하는 일을 하고, 게다가 돈까지 받을 수 있다고 하자 이렇게 멋진 일은 없다며 눈동자를 반짝인 아이는 그 이후로 열심히 꽃을 가꾸었다. 그러던 어느 날 꽃이 피었다. 아이는 꽃을 어머니에게 팔려고 했다. 그러자 어머니가 하나하나 흠을 잡았다.

"이 꽃은 벌레가 먹었는걸. 그러니까 좀 깎아주어야 해. 이 꽃은 빛깔이 좋지 않아. 좀더 좋은 빛깔이라면 꽃가게에서 파는 값으로 사주겠지만 이것으로는 안 돼. 100엔 깎아야 해."

그 결과 아이의 품질의식이 점점 높아져 매일 물을 주거나 벌레를 잡거나 하여 훌륭한 꽃을 가꾸기에 안간힘을 쏟았다. 또, 꽃가게에 가서 꽃값을 물어서 시장가격을 조사하고, 어머니가 꽃값을 깎지 못하도록 열심히 연구해서 어떤 꽃이 비싸게 팔리는지도 알아냈다고 한다.

그로부터 1년이 지난 어느 날 사장이 어머니와 아이를 불러 1년 동안의 결산을 해본 결과 무려 5,000엔의 이익을 봤다고 한다. 그래서 즉시 이 5,000엔을 비례 배분하여 사장인 아버지가 2,000엔, 부사장인 어머니가 2,000엔, 농장장인 아이는 1,000엔이란 식으로 배당했다. 그런데 정관을 잊고 있던 아이가 화를 냈다고 한다.

"아빠랑 엄마는 나빠요. 아무 일도 하지 않고 그렇게 많은 돈을 가져가버리다니. 꽃에 흠을 잡아 언제나 싸게 살 궁리만 하고 있는 엄마에게는 이익금을 줄 필요가 없어!"

사장은 이때다 싶어 전에 만들어놓은 정관을 보여주며 알기 쉽게 설명했다.

"자, 여기 씌어 있지 않니? 이익이 남으면 출자금에 따라 비례 배분한다고. 이익이 나면 돈을 많이 낸 사람은 배당금을 많이 받는 거야. 그러니까 너도 커서 회사를 경영할 때는 배당금을 많이 탈 수 있도록 자본금을 자꾸자꾸 회사에 넣어야 한단다."

아이는 약간 불만스런 표정이었지만 말없이 침실로 돌아갔다. 그리고 이튿날 학교에 가기 전에 아이가 아버지에게 와서 이렇게 말했다.

"아빠, 어제 받은 1,000엔을 자본금에 넣겠어요. 그러면 아빠가 2,000엔, 엄마가 2,000엔, 그리고 나도 2,000엔이 되니까 다음에 배당할 때에는 모두 똑같이 받는 거죠? 아빠, 엄마는 이제 더 이상 자본금을 늘려서는 안 돼요. 하지만 나는 계속 늘릴 거예요."

아이가 이치에 맞지 않는 말을 했지만 아버지인 사장은 진심으로 기뻐했다고 한다. 아이가 학년이 올라가면서 그전만큼 화단에 신경을 쓰지 못해 지금은 비록 황폐해졌지만 그래도 이 사장은 10평 남짓한 작은 화단을 없애지 않고 있다. 아들과 함께 꾸린 최초의 주식회사이니 말이다.

설계에서 결정되는
제품코스트

:: SURVIVAL COMPANY

| 설계자의 고집이 부른
| 원가 100만 엔

"마침 좋은 때에 와주셨습니다. 제작 현장에서 실제 이런 가공도 가능합니까?"

통신기를 만들고 있는 어느 회사에 갔더니 업무과 A씨가 필자를 붙잡고 물었다. 통신 장치를 넣어두는 로커의 가공법에 관한 이야기였다. 거래처에서 보내온 도면에는 로커의 각도차가 90도 ±0.1도로 되어 있다. 이 0.1도의 차이로 로커의 판금 가공 여부를 알아야 한다는 것인데, 필자는 즉석에서 이것이 ±1도의 잘못이 아닌가 생각했다. 게다가 지정된 0.1도의 차이라고 해도 문짝이 빈틈없이 닫히기만 하면 되는 것이니 도면에서의 실수일 거라 여겼다. 바로 거래처 구매 담당자에게 연락을 취하여 로커의 문짝이 꼭 맞게 닫히기만 하면 된다는 양해를 얻었다.

이것으로 모든 문제가 해결되었다고 안심하고 있는 터에 앞서 말한 거래처의 담당자에게서 전화가 걸려와 설계자가 반드시 ±0.1퍼센트라고 고집하여 양보하지 않는다는 하소연을 들었다.

"선생님, 상대방 설계자가 0.1도를 고집하고 있다고 합니다."

"그것 참 이상하군. 그렇게까지 가공하는 건 불가능하니 거절할 수밖에 없겠어…. 그렇지만 무작정 할 수 없다고 거절한다는 건 화가 나니까, ±0.1도로 가공하기 위해서는 100만 엔가량이 소요된다는 견적서를 내어 상대방을 놀라게 해주자."

그렇게 하면 아마도 상대방이 로커 하나에 어째서 이렇게 값이 많이 드느냐고 물어올 것이므로, 그때에 이유를 잘 설명하여 '여기를 이렇게 하면 이만큼 싸게 먹힌다'는 식으로 설득하면 될 거라고 생각한 것이다. 이러한 작전 하에 본래의 로커 가격에 100만 엔을 플러스하여 견적을 내기로 했다. 물론 이 로커 속에는 각종 통신기가 들어가므로 로커 전체의 견적은 약 3,000만 엔이 되었다.

그로부터 2주일 후에 그 회사를 방문하였더니 우선 그 견적서대로 일을 처리하게 되었다며 어찌하면 좋을지 물어왔다. 그래서 업무과 A씨와 의논하다가 요컨대 거래처 납품검사에서 합격만 되면 문제가 없으니 한번 부딪쳐보기로 했다. 마음이 너그러운 상대측 검사원이, "로커의 작은 공차에 대해서는, 도면 지정이 이렇게 되어 있기는 하지만 요는 문짝이 꼭 닫히기만 하면 그것으로 족합니다" 하고 양해해주었기에 무난히 해결할 수 있었다. 게다가 검사원은 원가 100만 엔에 관한 건은 전혀 모르고 있으므로, 이 통신기회사는 100만 엔의 가격 인하를 하는 일이 없이 아주 통째로 이익을 올리게 되었다.

설계자에게 꼭 필요한 합리적 코스트 의식

사실 이는 설계자의 개인적인 체면이나 자존심에서 비롯된 문제로 기업의 경제성은 완전히 무시한 태도다. 제품코스트는 설계자가 선을 긋고 글자를 써넣을 때마다 정해지는 것이며, 일단 도면이 결정되고 나면 원가절감의 여지는 한정된다. 따라서 설계자가 제품원가의 열쇠를 쥐고 있다고 해도 과언이 아닐 것이다.

여기서 다룬 이야기는 극단적인 것이기는 하지만 어디까지나 사실이다. 이와 비슷한 문제는 어느 기업에서나 일상적으로 일어나고 있다. 예를 들어 단지 평판을 절단하는 것만이라면 값싸게 되지만 절단면을 지정한다면 한 군데마다 얼마간의 코스트가 발생하고, 나아가서 네 구석을 절단한다고 지정하면 한 군데에 대해 몇 백 엔이라는 코스트가 발생하게 된다. 절삭물의 지정에 대해서도 거칠게 마무리하는가, 중간 정도로 하는가, 혹은 미세하게 마무리하는가, 래핑 처리로 하는가 등에 따라 코스트는 엄청나게 달라진다.

설계에서 발생하는 코스트는 제품 시방서나 명세상의 문제뿐만이 아니다. 사실 좀더 큰 사항으로 '기능'이라는 문제를 들 수 있다. 설계자가 처음 제품 설계를 할 때 꼭 필요한 기능만을 추구하여 설계해야 하는데 그렇게 생각하는 설계자는 많지 않은 모양이다. 일반적으로 시중의 제품을 보면 잉여기능 혹은 중복기능같은 불필요한 기능이 많이 들어가 있으니 말이다. 이는 모두 설계자의 코스트 의식 부족에서 생기는 것이니 설계자는 과학적인 코스트 교육을 받을 필요가 있다.

중소기업의 생존전략 :: SURVIVAL COMPANY

| 납품 시기를 최대한 늦춰라

어떤 중소기업 경영자가 말한 재미있는 이야기 한 토막을 소개하겠다. 이 이야기는 코스트에 관해 올바른 인식을 가지고 있지 않으면 어처구니없는 일이 벌어진다는 사실을 깨우쳐준다.

"저는 경영 합리화에는 별로 힘을 쓰지 않는 편입니다. 경영에서는 어디까지나 전략과 전술이 가장 중요하다고 여기고 있지요. 생각해보십시오. 아무리 정부가 중소기업정책에 힘을 쓰고 돈을 융자해준다 해도 결국은 대기업에 흡수되니 결과적으로는 대기업을 지원하는 꼴이 되지 않습니까. 대기업은 해마다 정책적으로 가격인하를 강요해옵니다. 그래서 저는 신념에 따라 효과적인 경영전략을 전개하게 되었지요.

예컨대 모기업의 납품가격 인하 요구를 최소한도로 막아내려면 평소에 많은 공을 쌓아놓아야 한다는 겁니다. 저희 회사는 S사와 M사에 부품을 납품하고 있는데 그렇게 큰 대기업인데도 달마다 생산계획에 변동이 있습니다. 지금은 아예 지쳐서 어느 정도 재고를 확보해놓고 상대방의 생산계획에 맞출 수 있도록 하고 있지만 전에는 느닷없이 추가발주를 받으면 정신없이 철야작업을 해서 납기를 맞추곤 했기 때문에 고생이 이만저만 아니었죠. 그러나 요즘은 이런 식의 추가발주나 시방변경이 발주되면 일부러 납품을 늦추고 있습니다. 그래서 더 이상 늦추면 모기업이 큰 낭패를 당하겠다 싶은 시점에서 미리 준비되어 있던 재고품을 재빨리 납품합니다.

언제나 그렇지만 처음에는 구매담당자가 불같이 독촉을 하다가도 정작 사정이 다급해지면 직접 찾아와 부탁을 하게 되죠. 그때 '사실은 그동안 줄곧 철야작업을 해서 오늘 아침에야 간신히 맞출 수 있었습니다. 곧 납품하겠습니다'라고 말하며 잔뜩 생색을 내는 것입니다. 그러면 구매부장은 우리에게 고맙다고 절을 열두 번도 더 하고 돌아가지요. 가끔 이런 전술을 쓰는 겁니다. 발주를 받고 즉시 납품하면 당연하다고 여기면서 조금도 고마워하지 않거든요. 거꾸로 납품을 늦추다가 넣어주면 오히려 상대방의 감사를 받으니 세상일이란 정말 묘합니다. 공격이 최고의 방어라고들 하지 않습니까. 그 수법을 쓰는 거지요.

단계별로 실천하는 납품가격 협상

저희 회사에서도 아시다시피 제품 코스트를 하나하나 정확하게 파악하고 있습니다만 이것을 3단계로 나누어 원가율이 낮은, 그러니까 이익이 많은 것을 A급, 보통인 것을 B급, 이익이 적은 것 또는 실제로 손해를 보고 있는 것은 C급으로 분류해놓고 있습니다. 문제는 이익이 많이 나는 A급 제품을 어떻게 잘 방어하느냐에 달려 있지요. 그래서 저희는 적극적인 공세를 취하고 있습니다. 예컨대, 예전에 구리의 가격인상이 있었는데 바로 그런 기회가 다시없는 찬스가 되지요. 원자재 가격인상이 있었으니 날마다 납품가격을 올려달라고 진정을 하러 가게 했습니다. 상대방도 매우 딱한 처지여서 결국 납품가격을 올려주지는 않았지만 우리에게 몹시 미안하게 생각하여 그 후 2년 동안 우리에게 납품가격을 깎자는 말은 못 하게 되었습니다. 더

구나 그 당시 A급 부품들은 모조리 생산원가 그대로 납품하고 있다는 원가계산서를 제출해놓았더니 그 후로는 납품가격에 대해 일체 말이 없어서 그 덕분에 오늘날까지 톡톡히 재미를 보고 있습니다. 대기업은 조직이 방대하기 때문에 각 부품의 코스트 따위를 일일이 계산해내지 못하거든요.

B급 제품은 어느 회사나 모두 손쉽게 만들 수 있는 것이며 그 값도 시세에 따라 정해져 있기 때문에 단념하고 있습니다. 그러나 C급 제품에 대해서는 아무 말도 하지 않고 있다가 만약 납품가격 인하 요구가 있으면 즉시 거절하도록 영업부 직원에게 말해두고 있습니다. 어느 회사라도 그 가격으로는 이익이 나지 않는 것이고 다른 회사에 빼앗겨도 별로 아깝지 않으니까요. 다른 회사로 발주가 바뀌면 오히려 고마울 판이지요.

| 뛰는 대기업 위에 나는 중소기업 있다

그런데 상대방도 바보는 아닙니다. A급 제품을 집어 들고 '이건 그 정도의 단가라면 절대로 손해가 날 턱이 없소. 오히려 이익이 너무 많을 테니 납품가격을 인하해주시오' 하고 공격해올 때도 있죠. 우리 회사로서는 그것마저 가격인하

를 당하면 완전히 돈줄을 잃어버리게 되는 셈이지요. 그래서 그럴 때는 이런 전술을 씁니다. '그건 지금 이하로는 절대로 내릴 수 없습니다'라고 딱 잘라 말하는 거지요. 그러면 상대방은 '그렇다면 실제로 생산현장을 좀 봅시다' 하고 나옵니다. 그렇게 되면 보여주지 않을 수 없습니다. 결국 상대방을 공장에 데리고 가게 되는데 이때야말로 두뇌회전을 풀가동해야 할 때입니다. 조사차 나왔을 때에 시큰둥한 태도로 안내를 하면 상대방이 화를 내니 성실한 모습으로 우선 제1공정만 시찰하게 합니다. 스톱워치를 들고 작업시간을 측정하기도 하면서 될수록 많은 시간을 들여 열성적으로 조사를 하게 만드는 거죠. 다음은 제2공정을 볼 차례인데 그때 '제2공정은 작업반장이 마침 공구 수리차 출장 중이어서 정확한 공정설명을 해드릴 수가 없으니 내일 다시 나오시지요'라고 말해둡니다. 그럼 제3공정을 보자고 하겠지요? 그때는 '저희는 공정별로 하고 있으므로 1주일 후라야 제3공정 작업을 하게 됩니다' 하고 말합니다. 물론 작업반장이 출장을 갔다는 것은 거짓말이지요. 일단 이런 식으로 핑계를 대서 돌아가게 합니다. 그리고 이튿날 그가 다시 오면 '이거 죄송하게 됐습니다. 담당 작업자가 독감으로 오늘 결근을 했네요. 아마 모레나 글피면 출근할 것 같은데 죄송합니다만 주말에 다시

한 번 와주셔야겠습니다' 하고 말하는 겁니다.

  이런 식으로 전술과 방법을 바꾸어 지연작전을 펴면 상대방은 고작 한 가지 부품에 계속 매달려 있을 수 없어 흐지부지 도중에 그만두고 말죠. 글쎄 이렇게라도 해야 우리 중소기업이 살아남을 수 있습니다. 힘으로만 밀어붙이려고 하다가는 아무리 크고 힘이 장사인 씨름꾼이라도 되치기를 당해서 엎어지기 마련이니까요."

설비투자의 진정한 목적 :: SURVIVAL COMPANY

| 사장도 놀랐던
| 설비투자 계산법

좀처럼 불황의 늪에서 벗어나지 못하는 회사가 있었다. 그 회사의 영업부문은 판로개척을 위해 안간힘을 쓰고 있었지만 아무리 발버둥을 쳐도 똑같이 불황에 허덕이는 경쟁사들과의 치열한 접전 때문에 뜻대로 되지 않는 실정이었다. 회사에서는 비상조처로 1년여 동안 설비투자를 일체 억제해왔는데 제조부문에서 최신형 설비로 바꿔야 한다는 요청이 강했고 실제로 노후설비로 인해 생산성이 떨어지는 것도 문제가 되어 구체적으로 설비투자를 검토하기 시작했다. 사장은 이 기회에 종래의 주먹구구식인 설비투자 방법을 지양하고 설비투자의 필요성 평가라

든가 채산성 평가 따위를 좀더 정확하게 할 수 있는 방법을 검토하기로 했다.

필자는 문제점을 검토하여 지적해달라는 의뢰를 받고 즉시 일을 시작했다. 회사에서 제공한 자료는 매우 잘 정리되어 있었고 체제도 제대로 갖추어져 있었다. 그런데 이렇게 큰 회사가 이제야 겨우 이런 일을 한다는 것은 때늦은 감이 있었다. 어찌 된 일인가.

"이 자료만 본다면 확실히 계산도 잘되어 있고 계산식도 좋습니다. 그런데 지금까지는 어떻게 하고 있었습니까?"

"부끄러운 노릇입니다만 지금까지는 이런 것이 없어서 곤란을 겪어왔습니다. 해마다 예산편성 시기가 되면 금년의 설비투자는 얼마로 할까 하는 막연한 상태에서 큰 테두리를 정하고 그 한도 안에서 해결하도록 해왔습니다. 그런데 제가 정한 한도액의 2배 또는 3배나 되는 요구액이 각 부문에서 올라옵니다. 결국 그 많은 요구 중에서 몇 가지는 잘라야 하지요. 지금까지는 밑에서 올라온 요구사항마다 하나씩 동그라미를 쳐두었습니다. 그 다음 좀더 검토하겠으니 기다리고 있으라고 해두지요. 그러면 꼭 필요한 기계에 대해서는, 더 이상 기다릴 수 없으니 당장 결재를 해달라고 요구해옵니다. 그러면 그때마다 그 기계에 대해서 동그라미를 하나씩 더 칩니다. 그렇게 하면 동그라미가 하나씩 늘어나게 마련입니다. 동그라미 3개짜리도 나오고 4개짜리도 나오게 됩니다. 그 다음에는 동그라미가 많은 것일수록 꼭 필요한 것이라는 판단 아래 그것부터 먼저 결재를 했지요. 그런데 얼마 후에는 사원들이 모두 이 수법을 눈치채게 되어 사장의 결재를 받으려면 부지런히 찾아가서 졸라대야 한다는 말이 돌았고, 더 이상 이 수법은 통하지 않게 되었습니다.

그래서 이번에는 그 방식은 그만두고 좀더 과학적인 설비투자 결정방식을 도입하기 위해 사원들과 의논했더니 긴급도를 기준으로 긴급도가 높은 것부터 투자를 하는 방법을 쓰자고 하더군요. 하지만 저는 그 계산식을 당최 모르겠어요. 그렇다고 사원들에게 잘 모른다고 할 수도 없어서 어물어물 넘겼습니다. 저는 이 계산식이 어떻게 된 것인지도 모르겠고 문제점이 어디 있는지도 모르겠으니 제가 납득이 갈 수 있도록 잘 설명해주십사 부탁을 드린 겁니다."

사장의 사정을 이해한 필자가 긴급도를 기준으로 삼는 계산방법에 대해 설명해주자 잘 알았다면서 안심하는 표정을 지었다. 그런데 문제는 그때부터다.

계산방식은 확실히 좋다. 그러나 거기에 기입된 입력 데이터의 정확성이나 신뢰도는 문제가 없을까. 많은 기업에서 하고 있는 것처럼, 스탭 부문의 담당자가 단순히 생산라인에서 들은 말이나, 또는 근거 없는 가정에 의해 얻은 수치를 아무리 훌륭한 계산식에 넣어보았자 그것은 전혀 무의미한 일이며 오히려 큰 위험성마저 내포하게 된다.

"사장님, 이 계산은 도대체 누구에게 시키는 겁니까?"

"저희 회사 생산기술부 사원들에게 맡기기로 했는데, 뭔가 잘못된 거라도 있나요?"

"아뇨, 그렇게 해도 괜찮습니다만, 그럴 경우 이런 점에 주의하지 않으면 큰일 납니다."

| 투자 전에 동의받고 투자 후에 확인하라

내가 여기서 말하고 싶은 것은 다음과 같은 점이다. 예컨대 생산량에 대해서는 스탭이 대충 가정하는 것에 그치지 말고 영업부장에게 그만한 주문량을 확실히 받을 수 있는가를 확인하여 이에 대해 영업부장의 사인을 받아놓도록 한다. 마찬가지로 새로운 설비에 의한 생산율향상에 대해서는 제조부장에게, 작업시간 감축에 대해서는 작업반장에게 각각 확인

하는 등 구체적인 책임을 맡고 있는 사람들의 동의와 승인을 받아두는 절차가 필요하다.

이렇게 함으로써 입력 데이터를 스탭들의 독단과 탁상공론으로 정하는 것이 아니라, '반드시 그렇게 하겠다' 는 라인별 책임자들의 확고한 의지에 기반해서 계산을 해야만 비로소 완벽한 계산이 되는 것이다.

그러나 계산을 하고 사장의 결재를 받고, 설비를 구입하여 현장에 설치한 다음의 뒤처리가 더욱 중요하다. 애초에 나열한 효과가 기대한 만큼 있는가 없는가를 추적 조사할 필요가 있기 때문이다. 적어도 설비 구입 3개월 후에 계획서를 들고 현장으로 가서 그 설비의 가동상황을 보고 하나하나 입력 데이터대로 확실히 실행되고 있다는 것이 확인되어야 한다. 만약 그렇지 않고 1만 3,000개가 된다던 주문량이 1만 2,000개밖에 되지 않을 경우에는, 영업부장에게 따져 수주활동 방법을 개선해야 하고, 새 설비의 도입으로 생산율이 99퍼센트로 향상된다던 것이 97퍼센트밖에 되지 않을 경우에는 이에 대해 책임이 있는 제조부장에게 목표량 달성을 요청해야 한다. 이와 같이 설비 도입 후의 추적 조사와 투자의 평가 컨트롤이 확실히 실행될 만한 체제를 갖추어야 하는 것이다. 어느 기업에서나 이론적인 계산은 매우 철저히 하지만, 가장 중요한 알맹이가 빠져 있는 경우가 적지 않다. 이는 겉만 번지르르할 뿐 핵심을 놓치고 있는 상황이라 아니할 수 없다.

흔히 공장을 안내하며 보여줄 때, "이 기계는 제가 요청해서 구입한 것입니다"라고 자랑을 늘어놓는 사람이 있다. 어떻게 하면 그럴듯한 품의서가 되는가, 어떻게 계산을 하면 그 투자가 돈을 많이 벌어들일 것처럼 보이게 하는가 하는 것에만 보람을 느끼는 것처럼 보인다. 여하튼 시설을 구입하는 것이 목적이고 구입만 하고 나면 그만이라는 태도는 바람직하지 않으며 반드시 고쳐야 하는 구태이다. 설비투자를 할 경우에는 초기 검토에서부터 입력 데이터의 추적, 설비 도입 후 추적 조사까지 완벽한 시스템을 만들어 운영해 나가는 식으로 원가절감을 추진해야 한다.

요식행위가 돼버린
원가검토회

:: SURVIVAL COMPANY

| 원인도 모르고
| 결과만 나무라다

코스트 문제로 컨설팅을 하기 위해 방문했던 어느 회사의 생산기술부장에게서 오후에 원가검토회가 있는데 회사의 원가관리 실정을 알 수 있는 좋은 기회이니 함께 참석해달라는 권유를 받았다. 필자는 오래전부터 이 기업의 원가검토회 방식에 대해 여러 가지 의문점을 갖고 있었으므로, 이 기회에 참석해보기로 마음먹었다.

원가검토회에 참석한 것은 경리, 제조, 구매, 생산기술 등 각 부문의 임원급이었다. 먼저 원가문제에 밝은 사람으로 정평이 난 원가과장이 지난달 원가상황을 보고했고, 그 실적을 중심으로 이달의 원가대책을 검토했다. 그중에서 특히 제조부문에 대해 강한 개선요청이 나왔는데 원가과장은 다음과 같은 분석을 요청했다.

"먼저 B형 엔진에서는 재료 차손이 약 50만 엔 나왔습니다. 이런 일은 전에는 한 번도 없었던 일인데, 이런 문제가 다시는 일어나지 않도록 제조부문에서 대책을 강구해주시기 바랍니다. 또한 프레스 부문에서는 조업도 차손이 약 200만 엔 나왔는데, 물론 전혀 예상하지 못했던 문제는 아니지만 이런 일이 다시 일어나지 않도록 대책을 세워주셨으면 합니다."

자리에 앉아 있는 제조관계 임원들은 아무 말도 못 하고 듣고만 있었다. 아마도 마음속으로는 '어째서 그런 문제가 생긴 것일까? 잘 조사해서 다음 달까지 대책을 세워야겠다'라고 생각한 모양이었다.

이와 같은 원가검토회는 어느 회사에서나 볼 수 있는 풍경이다. 필자는 이러한 방식에 매우 불만을 품고 있었으므로 자리에서 일어나 말문을 열었다.

"지금 말씀하신 문제에 대해 한두 가지 질문을 하고 싶은데 괜찮을까요?"

원가과장에게 어서 말해보라는 권유를 받고 필자는 다음과 같은 질문을 했다.

"맨 처음 나온 차손 문제인데, 그 재료의 차손은 B형 엔진의 어느 재료입니까?"

"주물 쪽입니다."

"그렇다면 주물 관계에서 그만한 차손이 나왔다는 것은 재료 가격 설정이 잘못된 것이었습니까, 아니면 재료 구입가격이 올랐기 때문입니까, 그것도 아니면 현장 생산율이 낮았기 때문입니까? 혹시 폐품 매각 수입이 평상시보다 낮았기 때문인가요? 주된 원인은 어디에 있는 겁니까?"

"사실은 시간이 없어 거기까지 자세히는 조사를 하지 못했습니다…."

"아, 그래요? 그러면 다음 문제로 넘어가겠습니다. 프레스 부문에서 조업도 차손이 200만 엔이 났다고 하셨는데, 어느 기계와 어느 기계의 가동이 부실했던 것입니까?"

"그건 조사가 되어 있습니다. 8호기와 15, 6호기까지 3대가 주로 그랬습니다."

"그렇습니까? 그러면 그건 표준원가 설정을 위한 표준가동률 설정이 잘못되었던 겁니까? 영업부가 주문을 따오지 못 했기 때문에 가동률이 떨어진 건가요? 혹은 금형 수리가 늦어져 가동을 못 한 것입니까? 구매부문에서 재료 확보가 늦어졌기 때문에 가동 상태가 나쁜 겁니까? 인사부문에서 인원 채용이 늦어졌거나 아니면 현장의 설비보존 상태가 좋지 않아 가동을 제대로 못 했기 때문입니까? 어디에 그 원인이 있다고 보시는지요?"

"…?"

원가과장은 매우 난처해했다.

| 원가절감안은
실무자의 몫

많은 기업에서 실시되고 있는 원가검토회나 보고회라는 것이, 대개 이와 같이 판에 박힌 형식적인 보고인 경우가 많아 문제의 원인을 제거하기 위한 대책이 좀처럼 세워질 수가 없는 형태로 끝나고 만다. 원가부문 또는 경리부문은 코스트를 집계하는 부문이지 코스트 계획을 세우거나 코스트 컨트롤을 하거나, 코스트를 개선하는 부문은 아닌 것이다. 코스트 문제를 개선하기 위해서는 어디를 어떻게 개선해야 하는지에 대한 구체적인 정보를 관계 부문에 제공하는 일부터 먼저 해야 하는 것이다.

따지고 들면 문제의 책임이 라인부문이 아니라 스탭 부분에 있는 경우가 더 흔하다. 그럼에도 불구하고 원가검토회에 출석하는 것은 제조부문과 구매부문의 임원들뿐이며 야금공구부문, 설비부문 혹은 보전부문, 인사근로부문 스탭들이 출석하는 일은 별로 없다. 이렇게 해서는 원가절감을 아무리 떠들어보았자 실제로는 요식행위로만 끝나기가 일쑤이니 한심한 일이라고 하지 않을 수 없다.

"선생님, 오늘 말씀으로 가슴의 응어리가 시원하게 풀렸습니다. 언제나 그런 식으로 당하고만 있었는데 오늘은 선생님이 핵심을 찔러 말씀해주셨으니 앞으로는 경리부문도 좀더 열심히 연구하게 될 겁니다."

이 말을 듣고 나니 필자는 또다시 마음이 허전하고 쓸쓸해지는 것이었다.

:: SURVIVAL COMPANY

무서운 감가상각비

| 단 하루에 날아간
4명 분의 월급

어마어마하게 큰 기계가 다른 기계들을 내려다보듯이 공장 한복판에 놓여 있다. 참으로 엄청나게 큰 기계였다. 이것이 전부터 들여오기로 계획했다던 수입 기계인가 싶어 가까이 다가가 보았다. 그것은 우리나라에서도 몇 대 되지 않는 6,000톤 프레스였다. 그 기계를 가동시키기 위해 3명의 공사담당자가 설치작업을 하고 있었다. 이 최신 설비로 인해 종전의 기술적 트러블은 모조리 해결될 것이라며 모두가 크나큰 기대를 걸고 있었다.

그 후 한 달이 지나서 다시 공장에 와보았다. 설치담당자 3명이 열심히 일을 하고 있는데 아직 기초 볼트를 박을 토대 공사조차 끝내지 못하고 있었다. 굉장히 시간이 많이 걸리는 힘든 공사인가보다 생각했지만 그때는 아무 말도 하지 않고 그대로 지나쳤다. 그로부터 다시 40일이 지났다. 필자가 다른 용무로 그 공장에 들렀던 김에 겸사겸사 바로 그 기계가 있는 곳에 가보았다. 그런데 기계 설치가 아직도 완료되지 않은 상태 그대로이지 않은가. 깜짝 놀라 제조부장실로 찾아가 부장에게 물어보았다.

"저 6,000톤 프레스의 설치공사 계획과 가동계획은 어떻게 되어가는 겁니까?"

"대체로 예정대로 진척되고 있습니다. 공사가 완료되어 가동하려면 앞으로 3개월 더 걸릴 예정입니다."

이 설비의 구입 금액은 6억 엔이었다. 10년에 상각한다고 하더라도, 1년 동안의 상각비는 금리 기타를 포함하여 약 7,000만 엔이 된다. 소음공해 문제와 다른 공정과의 관련성을 생각해서 실제 가동 가능 시간을 아침 8시부터 밤 8시까지로 가정하면 1년에 약 2,500시간이므로 1시간의 감가상각비는 무려 2만 8,000엔이라는 계산이 나온다.

"부장님, 저 기계는 공사가 한 시간 지연될 때마다 2만 8,000

엔씩 돈이 날아가게 되는데, 설치공사 계획을 단축하는 건 불가능한 일입니까?"

1시간 늦어지면 2만 8,000엔, 2시간에 5만 6,000엔, 단 하루에 젊은 작업자 4명의 한 달 월급에 해당하는 돈이 날아가버린다.

"계산이 그렇게 됩니까? 그거 참 큰일이군요. 시급히 대책을 세워야겠습니다."

이리하여 그 공사와 관련된 전 부문에 긴급지시가 내려졌다. 공사 현장에는 12명의 담당자가 동원되어, 경우에 따라서는 3교대로 공사를 추진했다. 그렇게 한 지 한 달 후에 필자가 다시 그 공장에 갔을 때에는 그 기계가 커다란 소리를 내며 가동되고 있었다. 제조부장을 만나서 빨리 완성되었다고 말하자 그가 진지한 얼굴로 솔직한 심정을 토로했다.

"3일 전부터 간신히 가동하게 되었습니다. 선생님께서 지적하신대로 계산을 한다면 공사기간이 3개월 단축되었으니 1,000만 엔 이상이나 절약된 셈이지요. 좀더 일찍 알아차렸더라면 좋았을 거라고 반성하고 있습니다. 저는 지금까지 오랜 공장 생활을 하면서도 그런 점에는 별로 신경을 쓰지 않고 지내왔는데, 곰곰이 생각해보니 무섭다는 생각이 듭니다."

태초에 수위가 계시니라 :: SURVIVAL COMPANY

| 도난 비용보다 큰
| 고정 인건비

여러 해 전, 산업시찰단에 참가하여 미국을 방문했을 때 일이다. 시카고 교회의 어느 통신기기 제작회사에 가서 깜짝 놀랄 만한 이야기를 들었다. 이 회사에는 수위가 없다는 것이다. 나는 엔지니어인 스미스 씨에게 그 점에 대해 물어보았다.

"어째서 당신네 회사에는 수위가 없습니까? 수위가 없으면 물품을 도난당하거나 중요한 비밀이 외부로 새어나갈지도 모르지 않습니까?"

"그럴 일은 없습니다. 물품이 도난당하지 않도록 각 부서에서 충분히 관리를 하고 있고, 귀중품은 모두 로커에 넣은 다음 자물쇠를 잠그고 있습니다. 몇 년에 한 번쯤은 도둑맞는 일이 있을지도 모르지만, 몇 년에 한 번 도난을 당한다고 해도 많은 비용을 들여 수위를 고용해두는 것보다는 싸게 먹힐 테니까요."

나는 이 말을 듣고 깜짝 놀랐다. 이와 같은 발상은 고정관념에 사로잡혀 있던 나에게는 실로 놀라운 일이 아닐 수 없었다. 『성경』의 「요한복음」 제1장 제1절에 '태초에 말씀이 계시니라, 이 말씀이 하나님과 함께 계셨으니 이 말씀은 곧 하나님이시니라'라는 대목이 있다. 당시 나는 '태초에 수위가 계시니라, 수위는 회사와 함께 계셨으며, 수위는 곧 회사니라'라고 해도 좋을 정도로 생각했으므로 그 말은 실로 엄청난 충격이었다.

공장 안내를 받아 돌아보고 있는 도중 매우 훌륭하게 지어진 전용 도서실을 보았는데 거기에도 역시 담당직원이 없는 것이었다. 일반적인 회사라면 도서 대출이나 반환 독촉 등을 위해 담당자를 한 사람쯤 배치하는 것이 보통이다.

"책 대출 서비스를 해주는 직원이 한 명도 없는데, 이것 역시 어쩌다 책이 없어지는 것보다는 담당자의 고용인건비가 더 많이 들기 때문입니까?"

스미스 씨는 아주 당연한 것처럼 그렇다고 대답했다. 당시 미국의 임금은 우리의 임금 수준에 비해 20배 정도 높았다. 즉 인건비가 매우 높았던 것이다. 그러나 최근에는 우리의 임금도 상당히 높은 수준에 있다. 그래도 아직 우리들 대다수는 20년 전 그 당시 미국인의 발상에 훨씬 못 미치는, 낡은 코스트 감각에서 벗어나지 못하고 있다는 느낌이 든다.

:: SURVIVAL COMPANY

불량률을 줄이려고 사람을 더 쓴다?

| 혹 떼러다
| 혹 붙인 격

간사이 지방의 어느 화학섬유 회사에서는, 전사적으로 ZD운동에 열을 올리고 있다. ZD는 Zero Defect의 준말이므로 ZD운동이란 글자 그대로 '무결점 운동'이 된다. 회사에 따라서는 의욕을 북돋워 서로의 능력을 향상시키고 개선을 추진해 나가자는 운동으로 바꾸어 실시하는 곳도 있다. 그러나 이 회사에서는 문자 그대로의 ZD운동을 하고 있었다.

어느 방사(紡絲)공장의 반장인 B씨는 자기 부서에서 불량률이 많은 부분이 무엇인가를 조사해본 결과, 정련공정에 보내기 전에 실에 씌우는 종이가 완전히 씌워지지 않는 데서 오는 불량이 가장 많아, 약 0.08퍼센트, 즉 1,000개 중 8개를 차지하고 있다는 사실을 알아냈다. 그래서 이 수치를 0으로 하려는 ZD운동을 1개월 동안 전개했다. 작업자 한 사람 한 사람에게 종이를 완전히 씌우도록 지도하고 1개월이 지나 조사를 해보니, 불량품이 1만 개 가운데 1개로 줄어들어 있었다. 불량률이라는 점에서만 볼 때는 대단한 성과를 거둔 셈이다. 그러나 사실은 그처럼 확실히 종이를 씌우기 위해 작업자 수는 전에 비해 30퍼센트나 증원됐음에도, 공장에는 차츰 미처리 원료가 쌓여갔다. 그래서 결국 야간작업 등으로 극복해 나갔는데 나중에 상세한 코스트 계산을 해보니 케이스마다 인건비가 10엔이 올라 불량품 감소에 의한 이익 6엔을 공제해도 결국 4엔의 마이너스가 된다는 사실이 밝혀졌다.

따라서 이 운동은 한 달 만에 중지되고, 다시 본래 상태로 되돌아갔다. 이 공장의 반장인 B씨는 필자에게 감사의 표시를 했다.

"작년에 코스트 문제에 대해 12일 동안 강습 받기를 정말 잘했다는 생각이 듭니다. 새삼스럽게 코스트 중심으로 전체를 본다는 것이 얼마나 중요한가를 절실히 느끼게 되었습니다."

| 타이완 공장의
| 놀라운 코스트 의식

필자는 직업상 때때로 타이완에도 가는데 처음 타이완을 방문했을 때 놀랄 만한 사실을 목격하게 되었다. 일본 공장에서는 제품을 생산할 때, 제1공정은 무엇, 제2공정은 무엇 하는 식으로 공정순서를 분명히 정하고 다시 어떤 설비를 사용하는가, 어떤 공구를 사용하는가, 작업자 등급은 어느 수준이 적정한가, 표준시간은 얼마인가 하는 데이터가 기입되도록 되어 있다. 우리는 누구나 흔히 이러한 표준화가 이루어져 있으면 우수한 공장이라고 생각한다. 그런데 타이완의 공장에서 본 공정표는 우리의 공정표와는 달리, 가장 오른편 알아보기 쉬운 곳에 공정단가가 큼지막하게 적혀 있었다. 즉 제1공정까지는 1.4위안, 제2공정까지는 4.7위안이라는 식으로 공정수가 늘어감에 따라 공정단가가 높아지고 있었다. 그 공장의 생산담당이사에게 공정단가를 모든 공정표에 표시한 이유를 묻자 그가 대답했다.

"외국에서는 어떻게 하고 있는지 몰라도 우리는 이렇게 하고 있습니다. 최근에 와서 타이완도 품질관리의 중요성이 대두되고 있지요. 첫 공정에서 내는 불량품 1퍼센트와, 완성단계에 가까운 공정에서 내는 1퍼센트의 불량품은 코스트가 전혀 달라지므로, 품질의식과 코스트 의식을 작업자들에게 심어주기 위해 이렇게 하고 있는 것입니다."

　필자는 오늘날까지 일본의 공장을 몇 백 군데나 둘러보았다. 그러나 유감스럽게도 이렇게까지 철저하게 하고 있는 회사는 한 곳도 찾아볼 수 없었다. 이 한 가지 예를 가지고 타이완 기업이 일본 기업보다 훨씬 코스트 의식이 높고 철저하다고 한다면 지나친 말이겠지만 적어도 이런 면에 우수한 회사가 타이완에 있었던 것만은 사실이다.

:: SURVIVAL COMPANY

마이크로 코스트의 세계

| 눈에 보이지 않는
| 일상 속의 낭비들

꽤나 자질구레한 이야기지만, 독자 여러분은 동작의 1인치 낭비에 대해 생각해 본 적이 있는가? 인간의 동작 1인치에 소요되는 시간은 평균 0.0023분이라고 한다. 일반적으로 공장에서 한 작업의 사이클 시간은 평균 0.2분이므로 1분에 1단위의 작업이 5회 이루어지며 한 시간에 300회의 작업이 되풀이된다. 따라서 1회 작업에서 1인치씩의 동작낭비를 한다면 시간당 0.69분(0.0023분×300회)을 낭비하는 셈이고 1년으로 치면 약 23시간의 손실을 보게 되는 것이다. 한편 작업자의 봉급을 월 6만 엔이라고 한다면 연간 72만 엔이 되고, 여기에 여러 수당이나 상여

금, 퇴직적립금, 법정 복지비 등을 가산하면 월급의 1.8배 정도의 비용이 들므로, 연간 인건비는 약 130만 엔이 된다. 이것은 시간당 650엔에 해당하며, 이것에 23시간의 손실시간을 곱하면 약 1만 5,000엔의 손실이 되는 것이다.

즉 한 사람의 작업자가 1인치의 동작을 낭비하고 있으면 1년에 1만 5,000엔을 낭비하는 셈이 되고, 100명이라면 150만 엔, 1,000명의 기업이라면 1,500만 엔의 손실을 보게 된다. 실로 엄청난 낭비라는 사실을 깨닫지 않으면 안 된다.

그러면 이번에는 사무원이나 작업자가 한 시간에 걷는 걸음 수를 10보 절약한다면 얼마나 이익이 되는가를 알아보기로 하자. 사람이 한 걸음 걷는 데 소요되는 시간은 0.01분, 연간 작업시간을 2,000시간으로 잡는다면 1년에는 3.3시간을 절약하게 된다. 만일 평균 월급이 6만 엔이라고 한다면 위의 방식과 마찬가지로 1시간에 650엔, 3.3시간이면 2,150엔이 되고, 사람이 10명이라면 연간 2만 1,000엔, 100명이면 21만 5,000엔을 절약하게 되는 셈이다.

나아가서는 공간의 문제를 생각해보자. 사무실의 공간을 1제곱미터 놀려두면 연간 얼마의 비용이 발생할 것인가? 지금 1제곱미터의 건축비가 5만 엔인 철근 콘크리트 건물을 생각해보자.

건물의 상각비, 고정재산세, 화재보험료, 도시계획세 등의 고정비는 1제곱미터당 한 시간에 0.45엔, 기타 냉난방과 조명 비용이 시간당 1.10엔 발생하므로 합계하면 1.55엔이고, 여기에 금리 및 기타를 생각하면 연간 비용은 1제곱미터당 약 3,500엔이 된다.

고작 1인치의 동작 낭비, 고작 한 걸음의 낭비, 고작 1제곱미터의 공간 낭비가 이렇게 큰 손실을 가져오는 것이다. 마이크로 세계의 코스트 낭비는 그밖에도 얼마든지 있다. 여러분의 기업 안에서도 이러한 낭비가 매일매일 되풀이하여 발생하고 있는 것은 아닐까?

Chapter 2
전략적 코스트 계산법

코스트가 기업의 생존과 직접적인 관련이 있다는 것은 누구나 알지만 코스트를 계산할 때 하나하나 따져가며 치밀하게 계산하는 기업은 실상 많지 않다. 대부분은 대충 관례대로 처리하거나 거래처 사람이 낸 계산서를 검토 없이 받아들일 뿐이다. 계산서 상 절감할 수 있는 부분이 보이지 않는가? 그렇다면 현장으로 뛰어들어가 실제 업무를 파악하고 코스트 계산 기준을 전략적으로 다시 세워라!

:: SURVIVAL COMPANY

도배장이의 엉뚱한 견적서

| 도배장이의
희한한 계산법

우리집은 도요코센 기쿠나역에서 가까운 언덕 위에 있다. 이 집은 오래전에 지었졌는데 아이들도 자라고 찾아오는 손님도 훨씬 많아졌기 때문에 큰마음 먹고 집을 증축키로 했다. 컨설턴트라는 직업상 나는 집을 비우는 시간이 많기 때문에 공사감독은 아내에게 모두 맡겼다. 공사가 순조롭게 진척되어 드디어 내장공사를 하게 되었을 때 마침 필자는 집에 돌아와 있었다. 공사감독인 아내가 도배장이를 불러놓았으니 어떤 무늬의 벽지를 쓰면 좋을지 함께 보고 정하자는 것이었다.

그날, 도배장이가 벽지 견본을 가지고 왔다. 수많은 견본 중에서 필자도 아내도 마음에 꼭 드는 벽지를 찾아냈다. 그래서 그 벽지로 1층에서 복도와 2층까지 모두 바르면 얼마나 들 것인지 견적을 내도록 했다. 도배장이는 한 30분 동안 벽의 면적을 계산하더니 벽지 재료비만 30만 엔이라고 했다. 그렇다면 도배질하는 품삯 기타를 모두 포함해도 총비용은 뻔하다 생각하여 그 벽지로 도배를 하도록 했다. 나는 그날 저녁, 비행기로 큐슈로 떠났고 이어 큐슈에서 히로시마에 들러 다시 오사카에서 일을 보고 8일 후에 집으로 돌아왔다. 벽은 새 벽지로 도배가 되어 매우 깨끗했다.

"도배가 잘됐군."

"깨끗하게 되긴 했지만 청구서를 보면 놀랄걸요. 이런 약속이었나요?"

"뭣이 어째, 60만 엔이라고?"

| 벽지 값이 비싸면 공사비도 오른다?

나는 그 청구서를 보고 깜짝 놀랐다. 재료비 30만 엔, 도배공임 및 기타 제경비 30만 엔, 합계 60만 엔의 청구서다. 아내의 말로는 두 사람이 꼬박 이틀 동안 일했다니, 옛날 방식

으로 계산하면 4명이 일한 셈이다. 가령 하루의 품삯을 5,000엔으로 잡아도 두 명이 2일간이므로 2만 엔, 기타 일반 관리비나 운임, 이익을 아무리 비싸게 쳐도 30만 엔의 공임이 나올 턱이 없다. 도배장이에게 전화를 걸어 당장 오게 했다.

"여보시오, 재료비 30만 엔은 약속한 것이니까 더 이상 말 않겠지만 품삯이 30만 엔이라니 도대체 어떻게 나온 계산이오?"

"글쎄올시다, 그런 말씀을 하시면 난감하기만 한데 우리네 계산방식은 하루 얼마의 품삯으로 하는 것이 아니고 이번 일처럼 새로 도배를 할 경우에는 벽지 값과 같은 품삯을 받게 되어 있습니다. 우리 장사에서는 1년 매출을 잡아보면 대충 재료비와 품삯이 반반이 됩니다. 그래서 이런 견적이 나오게 되는 것입니다."

나는 이 말을 듣고 몹시 화가 났다. 이 계산대로 한다면 벽지 값이 비싸면 공사비도 오르고 벽지 값이 싸면 공사비도 싸진다는 계산이 된다. 아무리 계산을 간단히 하기 위한 것이라 해도 이런 식의 주먹구구식 계산은 있을 수 없다. 나는 코스트 문제에 대해 조목조목 도배장이에게 따지고 들었다. 도배장이는 눈을 휘둥그레 뜨고 내 이야기를 듣고 있었다.

"재료비 30만 엔은 여기 적은 대로 지불하겠소. 그렇지만 품삯에 대해서는 내 계산방식대로 다시 고쳐서 청구하시오. 그렇게 하는 것이 경우에 맞는 코스트란 말이오."

"잘 알았습니다. 그럼 견적을 고쳐 내겠습니다."

도배장이는 이렇게 말하고 돌아갔다. 이 이야기를 듣고 '그럴 수가 있나?' 하고 웃는 사람도 있겠지만 오늘날과 같은 산업사회에서도 이런 일들이 일상적으로 일어나고 있다는 사실을 알아야 한다.

:: SURVIVAL COMPANY

주물과 용접

| 인건비 개념 없는
| 주물 견적서

한 회사에서 개선안을 검토하는 도중 탱크를 아예 주물로 하느냐, 아니면 제관가공으로 하느냐 하는 문제가 제기되었다. 그래서 코스트 상으로는 어느 편이 싸게 먹히는가를 구매담당자에게 알아보기로 했다. 구매담당자는 즉시 외부 업자로부터 견적서를 받았다. 그 결과 주물로 하는 경우라도 주철과 주강은 값이 달라서 주철의 경우에는 1킬로그램당 85엔, 주강은 130엔이었다. 그 탱크 전체의 무게는 약 10킬로그램이므로 주철이면 850엔, 주강이면 1,300엔이 된다는 계산이었다. 그러나 필자가 보기에는 참으로 어처구니없는 엉터리 견적이다. 과학이

발달한 이 시대에 아직도 구시대적인 주먹구구식 셈이라 하지 않을 수 없다.

"그런 엉터리 계산이 어디 있소?"

"네, 선생님이 무슨 말씀을 하시려는지는 저희도 압니다만 업계에서는 보통 이런 식으로 계산하고 있습니다."

주물코스트에서 재료비가 큰 비율을 차지하는 것은 분명하다. 그러나 인건비가 상승한 오늘날, 코어의 수효라든가 트리밍의 난이도 등에 따라 코스트는 크게 달라진다.

그럼에도 불구하고 그런 점은 전혀 계산에 넣지 않고 킬로그램당 얼마라는 식으로만 계산하는 것이 업계의 관행인 것이다. 이 점에서는 일본도 여전히 후진국이라는 평을 면하기 어렵다.

이것이 주물업계의 통념이라고 한다면 그것을 역이용하여 자기 회사의 주물공장에서는 되도록 무거우면서도 가공하기 쉬운 것만 처리하고, 무게가 가볍고 코어가 여러 개 있거나 형태가 아주 복잡하고 또 수율이 떨어지는 것은 외주로 내보낸다면 그만큼 전체 코스트는 낮아질 것이 아닌가.

| 허점을 역이용한
가격인하 작전

이와 비슷한 일이 어떤 조선회사에서도 있었다. 그곳 구매부장이 필자에게 이런 질문을 했다.

"요즘처럼 무엇이든지 닥치는 대로 값을 올려달라는 분위기에는 정말 당해내기 어렵습니다. 오늘 아침에도 하청회사에서 다음 달부터 용접공임을 올려달라고 요청했습니다. 현재 1미터당 400엔으로 계약하고 있는데 이것을 450엔으로 인상해달라는 겁니다. 정말 골치 아프게 됐습니다. 이런 경우엔 어떻게 하면 좋을까요? 다른 회사에서는 어떻게 하고 있습니까?"

최근 조선업 쪽은 자동용접이 상당히 발달했다. 그러나 아직도 손으로 용접해야 할 부분이 꽤 많고 그 때문에 외부 용접공을 많이 쓰고 있는 것이다. 인건비는 해마다 오르고 경비도 늘어나기 때문에 공임 단가 인상을 요구하는 것도 무리는 아니다.

"지금까지는 미터당 400엔이었군요. 그걸 450엔으로 올려달라고 하면 그렇게 해주면 될 것 아닙니까."

"네? 선생님은 외부 사람이니까 그렇게 편하게 말씀하실 수 있겠지만 10퍼센트 이상의 가격인상이니 영향이 큽니다."

"그거야 저도 잘 알고 있습니다만 제가 부장님 입장이라면 아마 이런 계약을 할 겁니다. 우선 상대방의 공임 단가 인상 요청대로 1미터당 450엔으로 쳐두겠습니다. 단 앞으로 2년간은 그 단가로 고정시킨다는 것을 정식으로 계약해야지요. 그리고 그 다음에 어떤 방법을 쓰느냐가 문제입니다."

"방법이라니요? 그렇게 계약했다가는 손해를 볼 것 같은데 무슨 좋은 수라도 있는 겁니까?"

"우선 이렇게 해보십시오. 직선 용접 부분 중 각진 부분이 적고 또 용접봉 소모율이 적은 부분은 모조리 자체 작업으로 바꿉니다. 장치 전체의 용접 계약으로는 하지 말고 구석 부분 같은, 작업이 어려운 부분은 각각 세 방향에서 50센티미터의 범위, 또는 파이프 속에 사람이 들어가 누워서 용접을 해야 하는 까다로운 부분은 2미터, 모서리 진 부분이 많아서 용접을 여러 번 거듭해야 하는 부분 처럼 작업이 어렵고 많은 시간이 걸려 코스트가 비싸게 먹히는 부분만 골라서 외부업자에게 하청 주는 것입니다."

"그렇군요. 그런 의미라면 잘 알겠습니다."

여기서 예로 든 수법은 실상 전근대적인 것이며 앞서 말한 도배장이의 발상과 조금도 다를 것이 없다. 그래서 우리는 오히려 반대로 상대방의 허점을 역이용하는 가격인하 작전을 펴는 것이다.

그러나 이제는 이런 주먹구구식 계산에 의한 평가 차원에서 벗어나서 과학적으로 코스트의 구성내용을 알아서 어떤 점을 검토하고 어디에 주목해야 하는가를 진지하게 연구·검토해야 할 시기에 이르렀다.

표준원가계산의 허점 :: SURVIVAL COMPANY

| 작은 부품은
만들수록 손해? | 3차 산업의 발전에 따라 젊은이들은 공장에 취직하는 것을 꺼리는 경향이 심하다. 제조업의 인력수급난은 날이 갈수록 심해지고 있다. 그중에서도 단조鍛造와 같이 귀청이 떨어져나갈 듯한 소음과 진동, 코를 찌르는 악취, 겨울에도 복사열로 인해 40도가 넘는 곳에서 중노동을 해야 한다면 아무리 월급이 많다 해도 취직을 원하는 사람은 별로 없을 것이다.

공업도시의 해안에 위치한 단조회사도 예외는 아니었다. 이 공장에서는 작업자의 노령화에 따라 평균노임이 해마다 증가하고 있다. 이것을 억제하기 위해서 젊은 근로자 모집에 열을 올리고 있지만 사람은 뜻대로 모이지 않는다. 연간 이직률이 18퍼센트나 되며 작업자는 계속 줄기만 한다. 그 결과 납기지연이 거듭되고 고객의 항의가 빗발쳤다. 자진해서 수주량을 줄여야 할 판이었다.

이런 상황에서 사장은 현재 수주하고 있는 500품목 가까운 단조부품에 대한 코스트 분석을 실시하여 이익 폭이 작은 것부터 수주를 거절하기로 했다. 그리고 그 코스트 분석작업을 경리과장에게 지시했다. 지시를 받은 경리과장은 표준원가의 신봉자로서 2년 전에 표준원가제도를 도입한 중심인물이었다. 경리과에서는 각각의 표준원가를 부품별로 모두 알고 있기 때문에 이것과 영업부의 판매가격을 모조리 대조해보았다. 그 결과 경리과장은 뜻밖의 사실을 발견했다. 작은 부품은 원가율이 높고 덩치가 커질수록 원가율이 낮아졌던 것이다. 그 수치로 본다면 작은 것은 손해를 보고 큰 것은 이득을 보는 셈이 된다.

"사장님 말씀대로 원가와 판매가격을 대비해보았더니 작은 부품은 모두 판매가보다 원가가 높아서 원가율을 100퍼센트 초과하는 것이 많습니다. 만약 인력이 부족해서 생산을 할 수 없다면 이런 부품부터 중단시켜야겠습니다."

사장은 이 보고를 받고 이건 좀 이상하다는 생각이 퍼뜩 머리에 떠올랐다. 그래서 이번에는 영업과장을 불러서 자세히 물어보았다.

"경리과 계산이 뭔가 이상합니다. 만약 그게 사실이라면 작은 물건을 전문으로 만드는 단조회사는 모두 망해야 하지 않겠습니까. 세상에는 시장가격이라는 것이 있고 우리도 그 선에 따라 주문을 받고 있으니 경리과의 말이 무조건 옳다고만 볼 수는 없습니다. 아무래도 표준원가계산이라는 것에 문제가 있는 것 같은데요…."

사장은 자기 생각과 영업과장의 말이 일치했기 때문에 다시 한 번 정확하게 코스트 비교를 해야겠다는 생각이 들었다.

이런 과정을 거쳐서 이번에는 필자가 불려갔다. 이 단조회사에는 0.5톤짜리 해머에서부터 30톤짜리 해머까지 약 30대의 단조설비가 있다. 0.5톤짜리 해머는 1대당 80만 엔 정도로 살 수 있으나 30톤짜리 해머는 1대당 약 1억 엔의 설비비를 들여야 한다. 원래 이럴 경우에는 1시간당 가공비에 큰 차이가 있으므로 기계장치별로 가공비율을 산출하여 비교해보아야 한다. 그러나 재무회계를 전제로 한 표준원가계산에서는 모든 것을 일괄하여 공장 전체에서의 평균적인 가공비율이 정해진다. 다시 말해, 0.5톤짜리 해머는 1시간당 가공비율이 700엔인 데 비해 30톤짜리 해머는 1시간당 8,000엔을 웃도는 가공비가 되는 것이다. 표준원가계산에서는 이것을 몽땅 평균해서 1시간당 2,500엔이라는 주먹구구식 계산으로 정해버리는 것이다.

| 표준원가계산,
| 무엇이 문제인가

경리과장도 이런 점을 전혀 모르는 바는 아니었다. 어렴풋이 의문을 느끼고 있기는 했지만 재무회계상 표준원가 계산방식이 편리하다는 이유에서 그 방식을 채택했다. 다만 이것을 무조건 경제성 평가에 사용한 데 경리과장의 실수가 있었던 것이다. 필자는 소형, 중형, 대형 부품을 각기 하나씩 골라내어 원가를 올바르게 산출해보았다. 그 결과는 정반대로 나왔다. 이 회사에서는 소형부품에서 비교적 많은 이익이 있고 대형부품은 거꾸로 손해를 보고 있다는 사실이 분명해졌다. 주먹구구식 계산은 실로 두려운 것이다. 필자는 마지막으로 이런 말을 했다.

"만약 처음 계산대로 소형물이 손해를 보고 있다면 소형물을 모두 치워버립시다. 그렇게 하면 작은 해머는 유휴시설이 되니까 이것들을 폐기처분하면 싼 가공비율 부분이 없어지기 때문에 1시간당 2,500엔이었던 것이 평균 3,000엔이 됩니다. 3,000엔으로 다시 원가계산을 해보면 이번에는 소형과 중형의 중간쯤 되는 부품이 적자가 되므로 이것도 잘라냅니다. 그렇게 하면 1시간의 가공비가 4,000엔으로 오릅니다. 4,000엔으로 계산을 해보면 이번에는 중형부품이 손해라는 계산이 나옵니다. 그래서 그것도 없애버립니다. 그렇게 계산을 해나가면 마지막에 남는 건 제일 덩치가 큰 부품 하나가 됩니다."

이 말을 듣고 사장, 영업과장, 그리고 경리과장은 어이가 없다는 듯 한바탕 웃었다.

:: SURVIVAL COMPANY

눈이 먼 도장회사

| 외주업자를 울린
| 구매과장

제관과 판금을 전문으로 하는 어떤 회사에서 지금까지의 작업장이 좁아져 새로 400평 정도 확장해서 큰 공작장을 만들었다. 그 대신 종전의 도장공장은 공해문제도 있고 해서 확대를 할 수 없기 때문에 외주를 주기로 했다. 그러다 보니 작업량의 증가에 따라 외주업자의 수도 2사, 3사로 늘어났다.

어느 날 새로 거래를 시작하게 된 외주 도장회사의 견적서를 검토해보니 예상했던 대로 대충 계산을 하고 있는 점이 발견되었다. 이 회사의 견적기준은 인건비, 설비비, 재료비(도장비), 일반관리비, 이익 등을 모두 합쳐서 1시간당 1,200엔이다. 구매과장은 그 회사에 발주할 품목을 특별히 선정하고 그 회사의 영업부 직원을 불러서 각 품목에 대해 1일 생산량을 제시해달라고 말했다. 1일 생산량을 알면 개당 소요시간을 알 수 있고 여기에 1,200엔을 곱하면 발주단가가 나온다. 이렇게 해서 상대방도 납득한 다음 납품단가를 정하고 마침내 발주를 했다.

그런데 여기에 한 가지 함정이 있었다. 도장작업 중에는 사포닦기, 퍼티작업, 물사포 등 대체로 인건비만 들 뿐 그 밖의 경비는 별로 들지 않는 값싼 작업이 있는가 하면 페인트 도장 후에 적외선 소부를 하는 작업처럼 코스트가 많이 먹히는 작업도 있다. 이 도장공장의 경우, 인건비만 소요되는 작업은 1시간당 600~700엔 정도일 것이고 그밖에 고가 설비를 사용하고 약품과 도료를 대량으로 소비해야 하는 작업은 1,600엔 또는 2,000엔 정도의 가공비가 소요된다. 구매과장은 이런 사실을 꿰뚫어보고 가공비가 높은 공정의 부품만을 선택해서 집중적으로 발주했다. 도장회사의 영업부원은 대강의 계산밖에 모르는 처지여서 1시간당 1,200엔이면 채산이 맞는다고 생각하여 계속 주문을 받았다. 평균해서 1,200엔이던 가공비율은 아무도 모르는 사이에 1,500엔이 되고 또 1,800엔이 되었다.

반년쯤 지난 어느 날, 이 영업부원이 사장과 함께 구매과장을 만나러 왔다.

"오늘까지 많은 주문을 받았습니다만 귀사의 일은 도무지 수지가 맞지 않기 때문에 우리는 더 이상 수주를 받을 수 없는 형편입니다…."

"그래요? 하지만 지금까지 귀사가 요구하는 대로 시간단가는 1,200엔을 그대로 인정해왔는데요."

"네, 분명히 그렇기는 합니다."

"그렇다면 시간당 작업량이 너무 많은가요."

"아닙니다. 그 점도 잘 조사를 해봤는데 견적대로 그만한 수량은 소화할 수 있습니다."

"그렇다면 어째서 채산이 맞지 않지요?"

"그게 정말 이상합니다."

"그런 말은 우리 회사의 일을 못 하겠다는 이유치고는 근거가 빈약한데요."

"…."

이런 말을 듣고서도 아직 눈치 채지 못하고 있는 것이다.

단가 계산을 대충하게 되면 오히려 그 점을 역이용당해서 이런 우스운 꼴을 당하게 된다.

모조리 금도금으로 하자 :: SURVIVAL COMPANY

| 디자인 제품의
| 코스트 의식

S씨는 인테리어 제품을 만드는 회사의 유능한 설계기사이다.

그는 VE(Value engineering, 가치공학)의 위력을 잘 알고 있어서 자기 회사에도 VE를 도입하려고 애쓰고 있었다. 그런데 인테리어 제품은 사용가치보다 디자인 가치가 중시되므로 '아름답게'라는 기능에 상당한 코스트를 들이고 있다. 그러나 그런 테마에도 VE는 가능하다고 믿은 S씨는 끈질기게 VE활동을 전개해나갔다.

어떤 제품의 장식판에 대한 개선안으로 금도금 대신 크롬도금을 하면 어떤가 하는 안이 있었다. 마침 자사에 작업자 15명 정도의 작은 도금공장을 가지고 있었기 때문에 시험을 해본 결과 1호 크롬이면 금도금과 비교해서 조금도 손색이 없다는 결론을 얻었다. 금도금을 크롬도금으로 바꾸면 당연히 코스트가 싸지기 때문에 바로 시방서를 바꾸었다.

| 크롬도금과 금도금이 같다?

그로부터 2개월 뒤 그 제품의 원가보고서가 도착했다. 그런데 놀랍게도 금도금에 비해 크롬도금의 코스트가 3배로 뛰어올라 있었다. 놀란 S씨는 계산착오인 줄 알고 경리과에 물어보았다. 경리과에서 조사한 결과 계산에는 착오가 없었다. 다만 도금에 소요되는 시간 및 공정수가 금도금의 경우는 도금하는 시간만으로 끝나는데, 크롬도금의 경우 버핑 연마작업이 있기 때문에 작업시간이 3배나 늘어나 있었다. 싸져야 할 코스트가 3배로 불어난 것은 그 때문이라는 것이다.

이 방식으로 계산한다면 아연도금이든, 구리도금이든, 크롬도금이든, 혹은 금도금이든 모두 시간당 비용은 같다. 도금재료나 도금의 두께 같은 조건과는 아무런 관계없이 시간이나 품이 많이 들면 높은 코스트로 계산되고 작업만 간단하면 금도금이라도 싸게 계산되는 것이다. 설계자는 S씨는 싱긋 웃으며 잔뜩 비꼬아서 말했다고 한다.

"어떤 도금으로 해도 시간당 기준 코스트가 같다면 앞으로 제가 설계하는 것은 모두 금도금으로 하겠습니다."

:: SURVIVAL COMPANY

대량생산과 소량생산

| 양산생산에서
| 비양산으로 전환

컨설턴트라는 직업은 굉장히 바쁘다. 필자는 지난 한 해 동안 100회 이상 비행기를 탔다. 비행기가 무섭다고 하는 사람은 아마 컨설턴트가 될 수 없을 것이다. 하여튼 여기저기 날아다니다 보면 회사에 나가는 것은 많아야 한 달에 4~5일이다. 따라서 출근하는 날에는 여러 가지 밀린 업무를 빨리빨리 처리해야 한다. 편지도 산더미처럼 쌓여 있다. 어느 날 그 많은 편지더미 속에 필자가 알지 못하는 회사 사장에게 온 한 통의 간단한 편지가 들어 있었다. 거기에는 급히 전화해달라고 씌어 있었다. 곧바로 전화했더니 난처한 일이 있으니 꼭 상담에 응해달라

고 했다.

그 회사는 자동차의 다이너모 스타터(Dynamo starter)를 주로 생산하는 제조업체인데 철도나 특수차량 혹은 선박 분야의 소량 특별주문에도 응하고 있었다. 전에는 자동차 분야의 대량생산품이 전체의 95퍼센트였고 나머지 5퍼센트가 특주품이었다. 그래서 그 무렵에는 경영상태도 매우 좋았었으나 최근에는 소량의 특주품만 증가해서 그 구성비율이 80퍼센트 대 20퍼센트로 바뀌고 말았다. 이에 따라 이익은 전혀 나지 않을 정도에까지 이르렀다.

사장의 생각으로는 회사가 전부터 대량생산방식에는 익숙해져 있지만 비양산을 잘 처리하는 기술이 정착되어 있지 않으므로 그렇게 되는 것이고, 앞으로는 고객의 취향에 맞추어 여러 가지 부품을 늘려나가야 할 것이니 미리미리 이러한 비양산기술을 완전히 익혀두고 싶다는 것이었고, 그 문제를 지도해달라는 것이었다.

처음에는 생산분야 전문 컨설턴트를 파견해줄까 생각했지만 어쩌면 문제의 본질은 다른 곳에 있을지도 모른다고 생각되어 필자가 직접 가기로 했다. 생산담당 상무가 나와서 필자에게 이것저것 사정을 설명해주었다. 30분 정도 설명을 듣고 나서 필자는 영업 쪽의 견적담당자를 불러달라고 청했다.

"당신이 비양산 관계 견적 일을 맡고 있습니까?"

"네, 그렇습니다."

"당신 이외에 견적 일을 보고 있는 분은 없습니까?"

"계약직 근로자가 한 사람 있습니다만 모든 책임은 제가 맡고 있습니다."

"그렇습니까? 비양산이라고 해도 한 로트(lot)의 수량이 정해져 있을 텐데 평균 얼마 정도인가요?"

"적은 건 1~2개, 많아야 5~6개쯤 됩니다. 물론 철도 분야의 경우 20개쯤 되는 것도 있습니다."

"그렇다면 진짜 일품요리라고 할 수 있겠군요."

"네, 그렇습니다."

"죄송하지만 로트 얼로우언스(lot allowance)표를 한번 볼 수 있을까요?"

"그게 뭡니까?"

"비양산시의 시간할증계수인데 그게 없습니까? 그럼 계산근거는 양산을 기준으로 하고 있겠군요."

"네, 그렇습니다."

"그러면 양산을 기준한 시간에 대해서 비양산에 적응시키기 위해 곱하는 관리여유는 몇 퍼센트입니까?"

"선생님, 그 관리여유는 또 뭔가요?"

"양산과 비양산은 가동의 질과 효율이 다르기 마련이라 그것을 보정하는 할증률입니다."

"원 참, 그런 관리여유라는 것도 해본 일이 없습니다."

"그러면 제작 일정이 오래 걸리는 부품의 경우 완성 직전 단계에 가서 불량품이 나온다든가 하면 납기 내에 맞추지 못하게 되는데 그런 위험을 피하기 위한 재료의 투수할증률 같은 건 사용하고 있습니까?"

"아니요, 실수량(Net)으로 견적하고 있습니다."

이런 식으로 비양산품의 코스트 견적에 대해 아무런 지식도 갖추고 있지 못했다. 그런데도 회사는 이런 사람에게 손익의 열쇠를 쥐는 견적업무를 맡기고 있었다. 필자는 상무가 자리를 비운 사이에 견적담당자에게 물었다.

"비양산품의 견적서를 내면 몇 퍼센트 정도가 수주됩니까?"

"글쎄요, 아마 다른 회사에게도 견적을 받고 있을 테지만 저희는 매우 확률이 높아서 견적을 낸 것 중 80퍼센트는 저희가 땁니다."

나는 '그러면 그렇지' 하고 머리를 끄덕였다. 이유는 견적이 너무 싸기 때문이다. 이런 경우, 비양산기술을 마스터한다는 것만으로는 진정한 문제해결을 볼 수 없다. 생산량의 차이가 제조코스트에 중대한 영향을 미치고 있는 것이며 이 점에 착안하는 것이 문제를 바르게 해결하는 길이다. 그러면 양산코스트와 비양산코스트의 관계에 대해 좀더 구체적으로 생각해보기로 하자.

기성복과 맞춤복 :: SURVIVAL COMPANY

| 코스트 계산법이 다른
양산과 비양산

미국과 일본의 생산성 차이를 생각할 때 일본 기업이 미국 기업에 비해 절대적으로 뒤떨어지는 요인이 있다. 예컨대 미국에는 풍부한 자원이 있고 산업 역사도 50년이나 앞서기 때문에 기업의 상각비 부담이나 금리 부담이 일본과는 비교가 되지 않으며, 라이선스 수입도 많고 노동시장의 유연성 또한 높다. 이밖에도 톱의 매니지먼트 능력, 간접부문의 효율차, 계획기술의 차이, 작업관리의 충실성 등 헤아릴 수 없을 정도로 많은 요인이 있다. 그리고 또 하나, 일본과 미국의 기업을 비교할 때 양산과 비양산에 대한 코스트 의식이 근본적으로 다르다는 사실을 알아야 한다.

　예컨대 똑같은 타입의 1900시시 엔진을 비교해보면 일본 엔진에 비해 미국이 100달러는 싸다. 그런데 생산대수를 1대나 2대밖에 제작하지 않는 것을 예로 든다면 일본과 미국의 견적 차이는 미국이 2배나 비싸다. 또한 전용기 같은 경우에도 일본의 1.8배 비싼 견적을 내고 있다. 이렇게 되면 양산기술은 미국이 앞서고 비양산품은 일본이 잘한다고 할지 모르지만 필자는 결코 그렇게 생각하지 않는다. 아무래도 그건 일본 기업이 정확한 개별원가계획을 할 수 없기 때문이라고 생각한다. 즉 비양산이기 때문에 발생한 가외 코스트를 양산품 본래의 코스트에 가산해서 이를 평균 내기 때문에 결과적으로 양산품에 대해서는 약간 높게, 비양산품은 지나치게 싸게 되는 것이다. 이건 분명히 계산법이 잘못된 것이다.

　백화점에서 양복을 맞출 때, 전에는 기성복이나 맞춤복이나 가격에서 큰 차이가 없었다. 그러나 요즘처럼 인건비가 비싸지면 기성복은 한 벌에 2만 5,000엔에 살 수 있지만 특별한 맞춤복이 되면 임금만도 한 벌에 3만 엔 이상 지불해야 한다. 이 정도의 일이면 쉽게 계산이 되기 때문에 곧바로 가격에 반영시킬 수 있다고 생각한다.

기업에서는 옛날부터 테스트 제품은 추후 대량생산을 할 때보다 3배의 생산단가가 더 들어간다는 말을 흔히 해왔다. 같은 것을 많이 제작하는 경우와 한 개만 시험적으로 제작하는 경우에는 코스트가 3배나 차이가 난다는 말이다. 이런 문제를 끝까지 파고 들어가 따졌다는 기업을 필자는 아직까지 들어본 적이 없다.

| 비양산품 코스트는 양산품의 세 배

일반적으로 이런 일은 다음과 같은 차이에서 오는 것이라고 생각된다. 우선 처음에 재료에 대해 생각해보자. 제품이 연속 대량생산인 경우에는 문제가 없지만 특별주문품이나 극소량 생산인 경우에는 다음과 같은 할증이 필요하게 된다.

(1) 재료를 구입하여 작업을 할 때, 쓰고 남은 재료를 다시 사용할 수 있을 것인가? 대체로 다시 사용할 수 있을 것으로 계산하지만 결과적으로는 사장재고(dead stock)로 폐기처분되는 경우가 많다. 따라서 기업으로서는 남은 재료의 코스트도 그 제품에 할증가산시켜 계산하는 것이 옳은 방법이 아닐까?

(2) 납기지연이 절대 허용되지 않는 공사에서는 공정이 끝난

다음에 혹시라도 클레임이 제기되면 수습할 수 없는 사태가 벌어질 수도 있다. 그래서 본래 2개만 만들면 충분한 것을 3개나 5개까지 만드는 경우도 있다. 이런 경우에도 분명히 그만큼 재료가 더 들게 되는 것이다.

(3) 재료를 다루게 되면 그것을 직접 다루는 자재, 구매, 창고, 운반 등의 부문에서 발생하는 모든 비용, 간접적이기는 하지만 검사, 제조기술, 생산기술, 생산관리, 경리 같은 부문에서 발생하는 여러 비용, 그리고 또 재고품 유지를 위해 발생하는 금리를 포함한 재료관리비 같은 것이 발생한다. 비양산인 경우에는 양산에 비해 이런 비용이 제품 1개당 차지하는 액수가 두드러지게 커진다.

다음에는 사무비와 기술비에 대해 검토해보자.

(1) 수주에서 출하에 이르기까지 그 주문을 처리하기 위해 여러 사무가 발생한다. 이런 사무행위에 따라 상당한 사무코스트가 들게 된다. 이 비용을 정확히 파악해서 한 개당 제조코스트에 할당할 경우 생산량이 적은만큼 그 사무비용은 고액이 될 것이다.

(2) 그 주문 때문에 발생하는 설계비 및 제조기술, 생산기술

에 관계되는 비용은 전액 그대로 소량생산 제품에 가산시켜야 한다.
(3) 비양산이라고 해도 그것을 팔기 위한 시장조사비용, 광고비, 세일즈를 위한 인건비, 전화비, 교통비, 접대비, 판매사무비, 판매가격 견적, 제조측과의 교섭, 제품발송, 대금회수 같은 업무에 소요되는 영업판매비용은 양산품에 비해 현저하게 높아질 것이다.

제조코스트도 양산에 비해 월등히 많이 들어간다.
(1) 양산과 비양산은 가공방법이 전혀 다르다. 따라서 한 개당 표준시간 자체도 많이 든다.
(2) 만약 그 제품의 제조할증(위험회피를 위한)을 하게 되면 그 개수만큼 더 많은 설비시간과 공구 등이 소요된다.
(3) 제조를 위한 준비, 작업준비 시간은 양산시에는 n개분의 1이 되지만 한 개만 만들어야 할 경우에는 전체시간이 가산되며 2개일 경우에는 2분의 1이 가산된다.
(4) 작업자가 동일제품을 많이 만들면 한 개당 작업시간은 줄게 되는데 처음의 한두 개는 여러모로 궁리해보고 망설이고 다시 생각해보고 확인하는 등의 정신적인 작업요소가

많이 포함되기 때문에 처음에는 2, 3배 많은 시간이 걸리기 마련이다.

(5) 비양산의 경우에는 양산에 비해 전체취업시간 중에 차지하는 유효실가동시간이 적다. 왜냐하면 각 공정별로 여러 가지 대기라든가 간접작업이 많고 표준화가 되어 있지 않은 데서 이상작업이 발생하거나 예상외의 추가작업이 발생하곤 해서 작업효율이 나쁘기 때문이다.

(6) 검사나 운반도 양산일 경우에는 한 무더기의 제품에서 몇 개를 빼내어 샘플링 검사로 할 수 있지만, 비양산인 경우에는 하나하나 그때마다 검사해야 하기 때문에 이와 같은 제조간접비도 엄청나게 늘어난다.

(7) 이상 설명한 것 이외에도 그 제품을 만들기 위해 특별한 비용이 든다면 그 비용 전부가 제품에 부가될 것이다. 예컨대 기계공장에는 전용바이트, 전용 커터, 전용 브로치 등의 소모공구가 있는데 여러 가지 금형, 치공구, 설치기구, 특수게이지, 특수한 받침구, 특수측정기기 등도 모조리 그 제품에 부가되어야 한다.

이렇게 생각해보면 비양산품 한 개당 발생하는 코스트는 양산품에 비해 3배 이상이 된다. 특히 작은 부품일 경우 20~30배의 비용을 발생시키는 것도 있다.

 어떤 회사에서 3년 전에는 양산품이었던 제품이 그 후에는 완전히 품절이 되었다. 그런데 어느 날 보수용 부품으로 5개의 주문이 들어왔다. 영업부의 견적담당자는 3년 전의 가격표를 보이고 그 값으로 주문을 받았다. 이런 일은 어떤 의미에서는 업계의 관행일지 몰라도 확실히 잘못된 일이다. 제품의 라이프 사이클이 점점 짧아지면서 제품의 기종도 증가하고 있는 오늘날에는 이런 대응방법은 하루속히 시정되어야 한다.

:: SURVIVAL COMPANY

일 해주고
돈 물어낸 경영자

| 뒤섞여 버린
동스크랩

어떤 외주공장에 작업을 의뢰하고 오히려 돈을 받아낸 사례를 소개하기로 한다. A사에서는 간단한 프레스 가공품을 B라는 외주공장에 발주하고 있었다. 그 재료는 황동판이었는데 어느 해 동의 시세가 몹시 뛰어 B외주공장에서는 종전 납품가격으로는 계속 납품할 수가 없었다. 그래서 영업담당자는 A사에 대해서 납품단가를 올려달라고 요청했다.

"잘 아시겠지만 요즘 동값이 뛰었기 때문에 종전 단가로는 재료값도 댈 수 없습니다. 그러니 재료값이 오른 만큼 단가를 올려주셨으면 합니다."

"확실히 요즘은 재료값이 불안정하니 지금까지의 발주분에 대해서는 동값이 안정된 다음에 다시 단가사정을 하기로 합시다. 그리고 앞으로 발주할 것은 재료를 저희가 직접 대기로 하죠."

"그렇게 해주시면 감사하겠습니다."

B외주공장의 영업담당자는 두말없이 받아들였다. 그런데 A사의 구매담당자는 재료는 무상지급하겠지만 스크랩은 전량 따로 모아 반납해달라는 단서를 붙였고, B외주공장의 영업담당자는 그것도 승낙하고 돌아갔다. 그 후 A사에서는 재료 소요량을 계산해서 지급했다. 그런데 어떻게 된 셈인지 B사는 스크랩을 반납하지 않았다. A사의 구매담당자는 걱정이 되어 B사의 영업담당자에게 전화를 걸어 스크랩을 반납하도록 독촉했다.

"대단히 죄송하지만 다른 스크랩과 한데 뒤섞여서 현장에서는 따로 가려낼 수가 없답니다. 그러니 이번만은 스크랩 대금을 계산해서 가공비에서 제해주시기 바랍니다."

"그렇다면 이번은 그렇게 할 수밖에 없군요. 앞으로는 그런 일이 없도록 조심해주세요. 상쇄계산은 저희가 해놓을테니 그렇게 아십시오."

| 웃돈까지 얹어
| 납품해주다

그런데 이렇게 해서 스크랩 재료를 계산하게 되었는데 동값이 오르고 보니 동스크랩 가격도 계속 오르기만 하고 있었다. 일단 전화를 건 날의 동스크랩 가격을 기준으로 계산하기로 했지만 계산 결과는 B외주공장에 지급할 가공비와 상쇄되기는커녕 가공비보다도 스크랩 대금이 더 비싸다는 사실을 알게 되었다. 물론 그 시점의 동스크랩값이 피크인지 앞으로 더 뛸지 내릴지는 아무도 예상할 수 없어서 전화상으로 쌍방이 '상쇄'를 타협한 날의 동스크랩값을 기준으로 하는 것이 타당하다고 생각했다. 따지고 보면 B사가 동스크랩을 반납하지 않은 것이 잘못이므로 B외주회사로서는 불평을 할 수 없을 것이라고 A사의 구매담당자는 생각했다.

월말정산 때 B외주공장의 영업담당자가 왔기 때문에 자세한 원가계산 내역을 보여주면서 설명했다. 가공비는 개당 2.3엔, 스크랩대는 개당 환산하여 2.8엔으로 동스크랩대가 오히려 0.5엔 더 많이 먹혔다. B사의 영업담당자는 몹시 놀랐지만 계산이 그렇게 나오는 데야 할 말이 없어서 알겠다고 말하고 돌아갔다. 후일 이 영업담당자는 지금까지 온갖 납품일을 많이 해왔지만 품 들여 일하고 웃돈까지 얹어서 납품하기는 처음이라고 말하며 한숨을 쉬었다고 한다.

  대부분의 회사에서 하는 원가계산에서는 스크랩대를 각 원가에 환원시키지 않으며 경리상으로는 스크랩매각비라고 하여 영업외 수입 속에 일괄 포함시키고 마는 경향이 있다. 그러나 값비싼 재료의 스크랩재는 각 제품에 하나하나 환원시켜서 계산하지 않으면 파는 쪽이나 사는 쪽 중에 어느 한쪽이 손해를 보게 되는 것이다.

:: SURVIVAL COMPANY

사람의 시간과 기계의 시간

| 소요시간을
통제하라

기업에서 시간 경과에 비례해 비용이 발생하는 것은 옛날이나 지금이나 다름이 없다. 150년쯤 전의 수공업시대에는 오늘날과 같은 설비비나 여러 가지 제조간접비 및 제조경비가 거의 필요하지 않았으며 어떤 제품의 코스트는 재료비와 인건비만으로 이루어져 있었다. 그 시대에는 재료비를 제외하면 인건비는 전부 시간에 비례했다. 따라서 그 당시에는 '시간은 금'이라는 말이 맞지만 지금은 그렇지 않다고 말하는 사람이 있다.

그러나 깊이 생각해보면 오늘날의 기업에도 시간은 돈이라고 말할 수 있다. 이 세상의 모든 제품, 상품, 설비, 도구 같은 코스트를 깊이 분석해보면 결국은 모두가 자연계의 산물과 인건비로 나누어지기 때문이다. 재료 그 자체도 분석해나가면 마지막에는 자연계의 산물과 인건비가 된다.

하루는 24시간밖에 되지 않는다. 따라서 일할 수 있는 시간도 뻔하다. 예술가나 스포츠맨 또는 남들이 흉내낼 수 없는 지식과 기능을 갖추지 않은 이상 일반적인 노동의 대가로서의 비용은 소요시간에 따라 결정되며 생산 활동을 하기 위한 공간이나 자금 금리도 모두 시간에 따라 결정된다. 단지 근대산업은 전체 생산과정에서 인력보다는 기계력에 의존하는 경향이 높아지고 있어서 차츰 높아지는 코스트의 대부분을 설비비와 인건비가 차지하게 되는 것이다.

따라서 코스트를 정확히 파악하기 위해서는 그것이 사람 손에 넘어간다거나 가공되는 과정에서 '설비가 몇 시간 사용되었는가' 하는 것과 '사람의 품이 몇 시간 그 일에 들었는가' 하는 것이 매우 중요한 의미를 갖게 된다. 그런데 설비 사용시간과 사람의 품이 드는 시간은 반드시 일치하는 것이 아니며 오히려 일치하지 않는 경우가 더 많다.

전문적인 용어로는 설비시간을 '소요시간'이라고 하며 사람의 품은 '소요공수'라고 구별한다. 그러나 아직 대부분의 기업에서는 이 코스트를 좌우하는 '시간'이라는 중요한 요소를 일면적으로만 파악하고 있으며 태반이 사람의 시간, 즉 소요공수만으로 코스트 전체를 파악하고 컨트롤하고 있다는 식의 착각을 하고 있다. 이것은 굉장히 많은 혼란을 낳고 중대한 문제점이 된다.

또 하나의 문제점은 이 시간을 포착하는 그물의 눈이 너무 크고 성글다는 점이다. 일반 기업에서는 시간 또는 분, 경우에 따라서는 초 단위로 계획해야 하는데 아직까지도 대부분의 기업은 월 단위 또는 일 단위로 전체를 컨트롤하고 있는 실정이니 이 역시 크게 반성해야 할 부분이 아닐까?

| 인원이 늘어나도
설비비는 그대로

이에 관한 실례를 하나 들어보자. 구매과 A씨는 대형 단조품鍛造品을 어떤 협력공장에 발주하기로 했다. 협력공장이 제시한 견적내용은 다음과 같았다.

· 대형제품이기 때문에 2인 작업이다
· 단조공장의 가공비는 1인 1시간당 2,000엔
· 이 제품의 제작소요시간은 1개당 6분(0.1시간)이다

· 따라서 개당 가공비는 '2명×2천 엔×0.1시간'으로 도합 400엔이다.

A씨는 특별히 문제되는 점은 없다고 보고 협력공장의 견적대로 400엔에 발주했다. 그런데 발주한 지 보름쯤 지난 어느 날 협력공장의 담당자가 구매과 A씨한테 찾아와 말했다.

"저희가 엄청난 견적미스를 내고 말았습니다. 그 일은 2명 작업으로 견적했지만 사실 3명이 아니면 할 수 없다는 겁니다. 3명 작업으로 6분 걸리니 개당 600엔으로 좀 올려주십시오."

구매과 A씨가 직접 현장에 가서 작업 상태를 살펴보자 그 작업은 정말로 3명이 필요한 일이었다. A씨는 이를 인정해주어야 한다고 판단하여 값을 600엔으로 올려주기로 했다.

그러나 눈치가 빠른 분이라면 이미 알아차렸겠지만 2명 작업이 3명 작업으로 늘어 인건비가 가산되어도 설비비는 늘어날 리 없다.

이 코스트를 정확히 산출하기 위해서는 앞서 말한 바와 같이 설비비는 물질의 시간을 곱하며, 인건비는 사람의 시간을 곱한 후 이를 합산해야만 되는데 이것이 제대로 되어 있지 않다. 이와 같은 잘못은 어디에서 기인하는 것일까? 그것은 전체 형식만 맞으면 된다는 주먹구구식 원가계산방식이 어느덧 습관이 되어 아무 의문도 느끼지 않게 되었기 때문이다.

　기업에서 가장 중요한 코스트 결정을 하는 경우에도 이와 같은 착각이 버젓이 통용되고 있으니 크게 반성하고 개선하여야 할 것이다.

백인백색 :: SURVIVAL COMPANY

| 일률적 코스트 계산의 폐해

기업에서 하고 있는 원가파악 방법에서 또 하나의 중대한 문제점은 설비비나 인건비는 설비와 작업 내용에 따라 크나큰 차이가 있음에도 불구하고 계산하기가 귀찮다는 이유로 모조리 대충 어림잡아 파악하려는 습관이 여전히 남아 있다는 점이다.

수송업계에서는 1톤, 2톤, 4톤, 10톤 트럭 등의 설비비를 각각 별도로 취급하고 있고 소형트럭 운전기사와 대형트럭 운전기사도 인건비를 별도로 책정하여 계산하고 있다. 그러나 대부분의 일반 기업에서는 이처럼 정확한 계산법을 취하고 있는 곳이 별로 없다. 5톤 프레스나 500톤 프레스나 프레스 공정은 일률적으로 2,000엔으로 정하고 있다.

또 탁상선반이든 10척 선반이든 선반공정은 일률적으로 1,800엔, 값비싼 조립구나 시험기를 사용하든 말든 조립공정은 일률적으로 1,400엔이라는 식으로 주먹구구식 계산법을 취하고 있다. 만약 이런 방법으로만 계산한다면 동일한 부문에서는 시간만 단축하면 코스트가 싸진다는 결론이 나온다. 이런 논법으로 간다면 드릴 머신에 의한 천공작업을 프레스작업으로 바꾸기만 하면 무엇이든 모두 원가절감이 되어 너무 이익이 많이 나서 곤란하다는 말이 나올지도 모른다.

대부분 컴퓨터로 작업하는 오늘날은 그 업무나 작업종별로 정확한 시간당 비용을 산출하는 것이 별로 어려운 일이 아니며 그 데이터를 해마다 경신해나가는 것도 별로 어렵지 않다. 재료비에 대해서는 하나하나 엄밀하게 계산하고 있는데, 그런 자세를 앞으로는 가공비 분야에도 적용하는 것이 중요하다고 생각한다.

완벽한 코스트 계산

:: SURVIVAL COMPANY

| 어느 기업의
| 코스트 전략

외국계의 어떤 유력한 기업에서 코스트 문제에 관해 컨설팅을 했던 적이 있는 필자는 상당히 치밀하게 코스트를 계산하는 자세를 보이던 그 회사의 구매담당자를 보고 굉장히 감탄하지 않을 수 없었다.

지금까지 코스트와 시간의 관계에 대해서 여러 가지로 설명했지만 원가 안에는 시간에 비례하는 것만이 아니라 설계비, 금형, 전용기, 전용공구와 같이 생산량이 많아질수록 개당 비용은 오히려 줄어드는 것, 즉 흔히 말하는 생산량 반비례비가 있다. 그런데 대부분의 기업에서는 이것을 알지 못하며 또 알고는 있지만 번거롭다는 단순한 이유에서 모조리 시간에 비례하는 걸로 처리하고 있는 실정이다. 그러나 이 외자회사 바이어들은 전혀 달랐다. 이 생산량 반비례비에 대해 굉장히 명확한 논리를 내세우고 있으며 그것을 구매코스트 계산에 반영시키고 있었다. 이를테면 다음과 같다.

어떤 장치의 베이스를 한 달에 500대 정도씩 제작할 필요가 있었다. 그런데 이 베이스를 가공하기 위해서는 기존 공작기계를 사용하기보다 전용기를 제작하는 것이 훨씬 유리하다는 사실을 알게 되었다. 그래서 우선 수많은 전용기회사에서 전용기 시방서와 견적서를 받아 그중에서 가장 좋다고 생각되는 것을 선정했다. 그 후 자사의 거래회사 중에 전용기를 제작하며 또 그 전용기로 베이스를 가공할 수 있는 공작기계회사를 선정하여 그 회사에 시방 및 발주가격을 지정하여 외주하는 것이었다.

이때의 지정가 내용에는 두 가지가 있는데 하나는 전용기 제작비를 제외한 베이스만의 가공비는 얼마라는 지정가로, 물론 과학적인 근거에 기준한 계산내역이 명시되어 있다. 또 하나는 전용기 그 자체의 코스트에 대한 지정가이다. 우선 이 전용기에 의한 베이스의 생산수량은 월산 500대씩 발주하기로 하고, 앞으로 2년 동안은 설계변경을 하지 않을 예정이므로 그동안의 총생산량은 1만 2,000대로 결정했다. 설비비에는 금리와 보수비도 포함시켜 2년의 총 비용을 산출했다. 그리고 그 2년간의 총 설비비용을 1만 2,000대로 나누어서 베이스 1대당의 전용기대, 즉 부가가공비를 계산하여 처음의 베이스 가공비에 가산해서 그것을 지정가격으로 하는 것이었다.

필자는 그런 방법을 들었을 때 확실히 하기 위해서 거듭 물어보았다.

"만약 이 제품의 매출이 늘어나서 1만 2,000대 이상이 될 경우엔 어떻게 합니까?"

"그럴 경우엔 1만 2,000대로 부가가공비를 마감해버립니다. 그 이후의 로트(lot) 분량에 대해서는 수리비만 가산하게 하고 있습니다."

"그렇군요. 그렇다면 1만 2,000대도 생산이 계속되지 못할 경우나 도중에 설계변경이 되어 생산을 중지하는 경우엔 어떻게 합니까?"

"그럴 때는 상각비 잔액분을 당사에서 지급하고 설비를 인수하거나 상각비 잔액분에서 설비 매각대 차액을 지급합니다."

두말할 여지가 없을 정도로 명확한 논리이다.

"선생님, 저는 3년쯤 전에 선생님의 코스트 강습을 받은 후 이렇게 하고 있습니다. 당사에서는 이미 이런 사고방식이 당연한 것이 되어 모조리 이런 방식을 실천하고 있는데, 이렇게만 하면 되겠죠?"

참으로 즐거운 질문이었다. 이 말을 듣고 필자는 참으로 흐뭇한 심정이 되었다.

지나친 정직은 손해

| 이웃간 거래에서
기업회계까지

필자가 친구에게 들은 이야기이다. 그의 부인이 낙엽을 쓸고 있는데 이웃집 아주머니가 찾아왔다.

"저, 죄송하지만 댁에 석유 좀 없나요?"

"석유는 왜요?"

"그게… 우리 아이가 시험공부를 하고 있는데 오늘 갑자기 추워져서 석유집에 전화를 걸어 한 통 배달해달라고 했어요. 그런데 오늘은 일요일이기 때문에 배달이 안 된답니다. 댁에 혹시 석유가 있으시면 한 통 얻을 수 없을까 해서요."

"아, 그러세요? 마침 우리집에 작년에 사서 쓰고 남은 석유가 두 통이나 있으니 한 통 가져가세요."

"고맙습니다. 이거 정말 잘됐네요. 그런데 대체 얼마를 드려야 할까요?"

"잠깐 기다려보세요. 알아볼 테니까요."

이렇게 말하고 그 부인은 지난해 가계부를 찾아내 그 석유를 얼마에 샀는지 확인했다. 그 석유는 한 통에 650엔이었다.

"650엔으로 적혀 있으니까 아마 이것이 틀림없을 거예요."

"그래요? 감사합니다. 그럼 곧 돈을 갖고 올게요."

"아니, 돈은 나중에 주셔도 돼요."

"아니에요. 잊어버리기 전에 바로 드려야지요. 지금 갖다드리 겠어요."

이웃 아주머니는 집으로 가서 650엔을 가지고 왔다.

"정말 고마워요."

"아니에요. 뭐 그런 걸 가지고…."

그런데 필자의 친구는 2층에서 원고를 쓰고 있었다. 이웃 아주머니의 말소리가 들리기에 아래로 내려와서 알아보았다.

"그 아주머니가 왜 왔던 거요?"

"석유를 빌려달라고 왔어요. 그래서 한 통 나누어주고 돈을 받았지요."

"얼마를 받았는데 그러오."

"가계부를 보니까 650엔에 산 것이기에 650엔 받았어요."

"아니, 여보. 당신 올해 석유 한 통에 얼마 하는지 알고서 말하는 거요?"

"글쎄요. 아직 사보지 않아서 모르겠는데요. 하지만 아마 작년보다는 좀 올랐겠지요. 700엔쯤 하지 않을까요?"

"그렇다면 당신은 700엔을 받아야 하지 않아요?"

"어쩜 그런 말을 해요? 이웃간에 석유를 팔아서 돈을 남기자는 건가요?"

"아니, 돈벌이를 하겠다는 게 아니라 만약 석유 한 통에 700엔이면 650엔에 샀던 것이지만 700엔을 받아야 한다는 거요."

"당신은 정말 너무하는군요. 그 석유는 틀림없이 650엔에 샀다니까요."

"아니 누가 그렇지 않대요? 그렇지만 다음에 또다시 이웃 아주머니가 와서 나머지 석유 한통도 사자고 하면 당신은 또 650엔을 받을 것 아니오? 그러면 두 통을 팔고 나서 우리가 쓸 석유를 새로 사려면 그때는 700엔을 주고 사야 하잖아요."

"참, 그렇군요. 그럼 다음에는 팔지 않겠어요."

"아니야. 팔고 안 팔고의 문제를 말하는 것이 아니에요. 다른 사람에게 팔지 않았으면 올해 700엔의 가치가 있는 것을 650엔에 팔아치우고 우리가 살 때에는 700엔 내야 되니까 한 통에 50엔 손해를 본다는 걸 말하려는 거예요."

"아이 참, 그까짓 50엔에 죽고 사나요? 당신은 뭘 그런 걸 다 따져요?"

이렇게 되면 이건 완전히 만담이 되지만 아무래도 그 부인은 말이 안 되는 억지만 부리는 셈이다. 기업에서도 원가계산을 할 때 이 부인의 사고방식과 똑같은 방법을 취하는 곳이 얼마든지 있다. '선입선출법' '이동평균법' '당기평균법' 등과 같은 방식으로 재료비를 산출하고 있는데, 이것은 회계상 조리를 맞출 수는 있지만 결코 올바른 코스트 관리라고는 할 수 없다. 그런 식이라면 이 순진하고 정직한 부인에게 기업회계를 맡겨도 될 것임이 틀림없다.

Chapter 3
잠재코스트의 현재화

보이지 않고 수량화되지 않으면 코스트와 무관하다는 생각은 버려야 한다. 당장 눈에 띄지 않는다고 데이터화 불가능 낙인을 찍으면 그 부분에서 나는 손실은 통제되지 않고 눈덩이처럼 불어나기만 할 뿐이다. 회사의 구석구석에서 아무도 모르게 기업의 이익을 야금야금 갉아먹고 있는 잠재코스트를 수치화하여 눈앞으로 끌어올리자. 잠재코스트를 인식하는 순간 새로운 원가절감 방안이 탄생할 것이다.

:: SURVIVAL COMPANY

한심한 경비절감 운동

| 경비절감을 위한
화장실 폐쇄

조금이라도 불황이 닥쳐오면 어느 회사든 경비절감 운동을 시작한다. 대체로 서무과장이 이 운동의 추진자가 되는데 서무과장이 생각하는 경비절감대책은 도무지 신선미라고는 찾아볼 수 없는 것이 많다.

· 볼펜을 지급받으려면 다 쓴 것을 가져와 교환해야 한다.

· 지우개는 처음부터 두 개로 나누어서 지급한다.

· 이면지를 이용한다.

· 사적인 전화는 일체 금지한다.

· 출장을 가급적 억제한다.

· 잡지와 신문 등은 당분간 구독하지 않는다.
· 접대비와 교제비는 종래의 30퍼센트 이하로 억제한다.

이와 같은 절감방안이 제시되면 회사 내의 분위기가 살벌해지고 이기심만 생겨 직원들의 사기가 전혀 오르지 않는다.

어떤 회사에서 이런 일이 있었다. 이 회사의 전무이사는 독재자로 알려져 있는데, 하루는 그가 경비절감 운동을 담당하고 있는 서무과장을 불러 압력을 넣었다.

"과장이 하고 있는 경비절감 운동은 아직도 노력이 부족하오. 더욱 강력히 추진하지 않으면 안 되겠소."

그러나 벌써 여러 가지로 손을 써서 할 수 있는 것은 모두 해보았다고 생각하고 있던 서무과장도 고민이었다.

'전무님도 너무하시네. 덮어놓고 지시만 해대고 구체적인 방법은 단 한마디도 없잖아. 이것저것 모두 했는데, 도대체 어떤 점이 부족한 것일까?'

이렇게 고민하던 중 문득 한 가지 아이디어가 떠올랐다. 즉시 시행을 하려고 신문지를 오려서 '절수를 위해 이 화장실은 사용을 금지함'이라고 쓴 쪽지를 몇 장 만들어 공장의 1, 2, 3층에 있는 화장실 중 일부에 이것을 붙였다. 이것을 보고 작업자들은 매우 놀랐다. 늘 사용할 수 있었던 5개의 화장실 중 3개밖에 사용할 수 없게 되고 보니 휴식시간에 화장실 앞은 늘 장사진을 이루게 되었다. 그런 지 2~3일 후 한 작업자가 서무과장에게 항의를 하기에 이르렀다고 한다.

사람은 보통 아침에 일어나 잠자리에 들기까지 평균 7회 화장실을 이용한다는 데이터가 있다. 따라서 그중 2~3회는 회사에서 보게 되는 것이 당연한 일이다. 절수를 위해 일부 화장실을 사용 금지해도 사람들은 어차피 남은 화장실에서 용변을 보아야 하므로 결국 사용하는 물의 양에는 변동이 없는데 이 서무과장은 전무에게 채근당한 뒤 스트레스를 너무 받아 상식적인 판단력을 상실했던 것일까?

| 잠재코스트를 가시화하라

이 화장실 이야기를 논하지 않더라도 일반적으로 경비절감 운동이라고 하는 것은 이런 식의 겉치레로 끝나고 만다. 즉 현재적인 비용인 재료비, 사무용 소모품비, 접대비, 교통비, 교육훈련비 등에 곧바로 손을 대기 마련인 것이다. 이와 같은 것은 분명히 금액으로 계산할 수 있기 때문에 조금이라도 줄이면 굉장히 많이 절약한 것처럼 보이기 때문이다. 그러나 사무실에서 발생

하는 총 코스트의 75퍼센트는 인건비이다. 또한 책상, 의자, 공간, 복사, 전자계산기 등의 비용이 약 15퍼센트를 차지한다. 사무용 소모품비나 접대비 등은 경비절감 부분에서 전체의 10퍼센트에 지나지 않는다. 그런데 인건비나 공간 관련비, 집기비품비와 같은 것에 대해서는 자신의 힘으로는 도저히 컨트롤할 수 없는 문제라고 단정하고 단지 나머지 10퍼센트 범위에서 악전고투하고 있는 것이다. 이와 같은 경비절감 운동만이 코스트 저하운동은 아니다. 더 큰 비중을 차지하는 잠재코스트를 현재화하여 그것들을 어떻게 해결하는가가 문제인데 애석하게도 이 잠재코스트를 현재화하는 방법을 모르고 있다. 우선 모르는 것을 알 수 있게 하여 그 대책을 세운다는 것이 중요한데 이러한 문제에 대해 좀더 생각해보기로 하자.

:: SURVIVAL COMPANY

한눈에 알아보는 전화요금

| 미터기가 달린
| 절약형 전화기

한때 '발상의 전환'이라는 말이 굉장히 유행했다.

"관리불능비라고 생각해왔던 것을 관리가능비라고 생각하라."

"잠재코스트를 현재코스트화하라."

이것도 하나의 발상의 전환이라 할 수 있을 것이다.

필자의 회사에서 컨설턴트로 일하고 있는 고바야시라는 직원은 끊임없이 발상의 전환을 시도하고 있는데 예를 들면 이런 것들이다.

· 회사에서 노트나 볼펜을 구입할 때에는 구입의뢰서나 영수

증을 필요로 하는데, 개인이 기차표나 책을 구입할 때에는 왜 그런 것이 필요 없는가?
· 작업에는 실수가 있기 마련이므로 상사가 체크하는 시스템을 취하고 있다. 그러나 출장 시 비행기를 놓치는 실수는 누가 체크하는가?
· 결혼식을 늦게 시작하는 일은 별로 없다. 그런데 회사의 회의는 왜 정각에 시작하지 못하는가?
· 가정의 전화요금은 매월 정확하게 알 수 있는데 회사에서 사용하는 전화요금은 왜 한 대 한 대별로 알 수 없는가?

이와 같은 문제는 일상적인 회사업무 중에 얼마든지 있다. 그러나 이와 같은 발상은 대단히 효과적인 것임에도 불구하고 쉽게 나오지 않는다. 그런데 어떤 회사에서는 실제로 다음과 같은 일을 하고 있는 것을 보았다.

그 회사는 규모가 800명 정도의 중소기업인데 22대의 외선전화가 있었다. 일반기업에서는 외선과 직결되어 있는 전화의 경우 한 달에 3만~10만 엔 정도의 요금을 지불하는 것이 보통인데 이 회사는 한 대당 1만 엔, 많을 때라야 2만 엔 정도다. 그 비결은 다음과 같은 점에 있었다.

전화요금을 절약하기 위해 전화를 걸기 전에 필요한 말만 메모를 하여 간단명료하게 하라는 식의 지도는 어느 회사나 하고 있다. 물론 이러한 계몽활동도 중요하기는 하다. 그런데 이 회사에서는 계몽활동과 함께 한 가지 과학적인 방법을 사용하고 있었다. 한 대 한 대의 전화기에 요금미터기를 설치한 것이다. 어떤 직원이 외부에 전화를 걸려고 수화기를 들고 다이얼을 돌려 상대방이 수화기를 드는 것과 동시에 이 요금미터기에 부착되어 있는 도수계가 작동하여 10엔, 20엔, 30엔 하는 식으로 통화시간에 비례하여 통화요금이 미터기에 나타난다. 그것이 눈에 띄므로 유유히 잡담 따위를 할 수가 없다. 이미 전화요금이 300엔까지 오르고 있음을 알게 되어 "이제 그만 끊겠어!"라고 말하게 되는 것이다.

그러나 보통 전화기에서는 그렇게 되지 않는다. 1,000엔이든 1,500엔이든 상관없이 "글쎄, 어젯밤 밤새도록 판을 벌렸다니까? 말도 마, 완전 털렸다고. 근데 그건 그렇고…" 하는 식이 될 것이다.

이와 비슷한 케이스는 얼마든지 있다. 회사에서 부른 콜택시는 멀리 돌아서 가든 지름길로 가든 상관없이 태연하면서, 자기 돈을 내고 택시를 탔을 때는 될수록 가까운 길로 가려고 하면서 줄곧 미터기만을 주시하고 또 목적지 조금 앞에 내려서라도 돈을 절약하려 든다. 요컨대 코스트가 눈에 보이느냐 보이지 않느냐의 차이가 크다는 것이다. 코스트를 눈에 보이게 함으로써 이것을 중시하는 습관이 붙게끔 해야 한다.

| 이번 회의는
얼마짜리? 　회의코스트도 문제다.
　"우리 회사는 회의가 많아서 걱정이야. 어떻게 하면 이 회의를 적게 할 수 있을까?"

이런 고충은 어느 회사든 있다. 그러나 이에 대한 해결책으로 '회의 5원칙'과 같은 제목을 회의실에 게시할 정도일 뿐 정신교육의 범위를 벗어나지 못하고 있다. 이것도 코스트로 평가하면 개선의 여지는 있다. 좌우간 한번 시도해보면 어떨까?

"내일 생산회의는 9만 엔짜리입니다."

이렇게 계산서를 생산부장에게 제출한다면 생산부장은 깜짝 놀랄 것이다.

"어째서 9만 엔인가?"

"과장급은 평균 1시간에 800엔, 부장급은 1시간에 1,000엔이므로 출석인원에 시간을 곱하면 약 8만 5천 엔이 됩니다. 거기에 회의실 임차료가 1시간에 1,000엔이니 3시간이면 3,000엔,

커피접대와 연락비용, 자료값 등을 계산하면 합계 9만 엔 이상이 됩니다."

"그렇게 되면 곤란한데. 9만 엔이나 먹혀서야 되겠나? 어떻게 5만 엔 이하로 끝낼 수 없을까? 5만 엔 이상은 정식지출결의서를 끊어야 된단 말이야."

이쯤 되면 대성공이다. 우선 참석자 20명을 잘 조정하여 15명 내외로 한다. 3시간의 회의시간은 단축할 수 없으면 그대로 하되 판매과장과 업무부장은 9시부터 1시간만 출석케 하고 이 두 사람에게는 결과를 나중에 연락하는 것으로 한다. 상무이사는 11시 30분부터 12시까지 최종 결론만 듣게 한다. 이런 식으로 하나하나 구체적인 대책을 세워 가면 5만 엔 이내로 줄이는 것도 어렵지 않을 것이다. 이렇게 되면 모두가 시간을 지키게 될 것이고 코스트 의식도 높아진다. 필자가 제조관계 문제로 컨설팅을 의뢰받고 있던 어떤 회사에서 점심식사 후의 커피타임에 이같은 이야기를 한 적이 있다. 그런데 그 자리에 함께 있던 서무과장이 즉시 회의코스트의 평가시스템을 마련하여 이를 끈질기게 추진했다고 한다. 그리고 그 결과 6개월 후에는 종전의 3분의 1로 회의비용을 대폭 줄일 수 있었다.

컨베이어를 타고
흐르는 돈

:: SURVIVAL COMPANY

| 코스트 의식의
| 변화가 급선무

필자는 가끔 '이런 일을 할 수 있다면 굉장히 재미있을 텐데!' 하고 생각할 때가 있다.

공장에서는 컨베이어에 실려 온갖 것이 이동하고 있다. 부품이라든가 재료, 제약회사의 정제, 식품회사의 냉동식품 등이 있다. 그러나 만약 이것이 돈의 컨베이어였다면 모든 사람의 의식은 어떻게 변할 것인가?

가령 매월 지급하는 월급 총액이 1,000만 엔 정도인 중소기업을 생각해보자. 월급 총액이 1,000만 엔이면 한 시간당 약 6만 엔이 되며 1분에는 1,000엔의 인건비가 들게 된다. 이것은 작업을 하든 안 하든 시간의 흐름과 함께 무조건 발생하는 것이다. 이때 경리과를 시발점으로 한 컨베이어를 만들어 공장 안을 한 바퀴 돌아서 마지막 공정이 인사과에서 끝나도록 한다. 그리고 경리과에서는 1분마다 1,000엔을 컨베이어에 싣는다. 그렇게 하면 공장 안을 1,000엔권이 1분 간격으로 이동하게 된다. 종업원은 그것을 보고 어떻게 생각할 것인가?

"저 돈은 우리의 인건비이다. 우리가 아무 일도 하지 않고 있어도 저만큼의 비용은 나가고 있다."

이와 같은 감각이 여러 사람에게서 솟아 나오지는 않을까?

또한 기계설비 상각비에 대해 생각해보자. 기계설비 상각비는 연매출 1억 엔 정도의 중소기업을 가정해볼 때 연간 가동 가능 시간을 1,800시간으로 해서 계산해보면 1시간당 약 5만 5,000엔이 된다. 이 컨베이어는 경리과에서 출발하여 기계공장을 한 바퀴 돌아나가는데 최종목적지는 은행이다. 종업원들은 그것을 보고 이렇게 생각할 것이다.

"저것은 이 기계의 설비상각비. 설비는 가동시키지 않고 놓아두어도 저만큼의 돈이 없어진다."

이렇게 되면 현장 사람들도 코스트 의식에 눈을 뜨게 될지도 모른다. 그러면 작업순위를 어떻게 계획하여 어떻게 일해야만 되겠다, 기계설비도 최대한 효과적으로 활용하지 않으면 안 되겠다는 등의 아이디어가 나오게 될 것이다. 필자가 이런 이야기를 하면 여러분들은 웃을지도 모른다. 그러나 실제로 이와 비슷한 예를 히로시마의 한 회사에서 볼 수 있었다.

| 통계표는 왜 작성하는가?

그 회사에 갔을 때 제조부장의 책상 앞에 설치되어 있는 '가동률반'이라는 램프가 무엇인지 궁금해 한번 물어보았다. 그러자 제조부장이 웃으면서 가동률반의 내력을 들려주었다.

어느 날 현장 계장이 업무협의차 찾아왔다.

"부장님, 우리 회사에는 1,000만 엔 이상이 되는 설비가 10대나 있는데, 아무래도 가동상황이 별로 좋지 않은 것 같습니다. 그래서 기계별로 가동률미터기를 부착시켰으면 합니다. 시판되고 있는 가장 싼 것을 개당 200엔으로 살 수 있으니 10대에 2,000엔인데 그렇게 해주십시오."

"그래, 그걸 부착하면 가동률이 좋아지나?"

"네, 시정을 조사하여 가동률이 나쁜 것에 대해서는 대책을 세워 가동률을 올리도록 하려는 생각입니다."

"그럼 좋소."

계장은 곧 2,000엔으로 10대분의 가동률미터기를 사들여 그것을 각 기계설비에 부착했다. 1개월이 지난 어느 날 이 제조계장은 가동률계기의 눈금을 보고 기계별 가동률표를 작성했다. 그러고는 관련 작업반장을 불러 대책회의를 열었다.

"이 표에서 보듯 우리의 설비 가동률은 매우 낮은데, 어떻게 하면 이걸 높일 수 있는지 모두들 연구해봅시다."

"1호기가 이달에 낮았던 건 수리가 늦어졌기 때문일 겁니다."

"3호기는 작업자가 장기결근했는데 대신할 사람이 없었기 때문입니다."

"5호기의 경우는 외주품 입고가 적기에 이루어지지 않아서 대기가 많았기 때문이라고 생각됩니다."

각 작업장마다 변명하느라고 정신이 없었다.

"변명은 아무리 해도 시정되지 않습니다. 앞으로 그런 일이 재발하지 않으려면 어떻게 해야 할지 연구해주시오."

이리하여 여러 가지 대책을 세워 그것을 실천하기로 했다. 처음 두어 달 동안은 이와 같이 열성적으로 데이터 작성이나 대책회의가 추진되었지만, 차츰 횟수가 늘어남에 따라 그것마저 열이 식어갔다. 그 후 1년이 지났을 무렵에는 계장은 아예 가동미터기를 보지도 않고 그 대신 현장 여직원이 가동률표를 보고 통계표나 작성할 뿐이었고, 계장은 그것을 다시 리포트 형식으로 재작성해서 과장과 부장에게 제출할 뿐이었다. 결국 1년 지났지만 기계의 가동률은 전혀 향상되지 않았다. 상황이 이렇게 되자 부장은 그 계장을 불러들였다.

"가동률미터기를 부착한 효과는 어떤가?"

"그게…. 최근 바빠서 별로 자세히 보지 못하고 있습니다."

세상에는 이와 비슷한 예가 얼마든지 있다. 어느덧 목적은 잊어버리고 통계표를 작성하면 그만이라는 식으로 끝나버리는 것을 볼 수 있다. 어떤 목적으로 통계표를 작성하는가를 잊어버린 비극이라고 할 수 있을 것이다.

| 개선을 해도 3만 엔 손해?

제조부장은 '이 문제는 나 스스로 어떻게든 해결하지 않으면 안 될 문제다'라고 생각하여 한 가지 아이디어를 생각해내고, 직접 한 통신기 회사를 찾아가서 여러 가지로 의논한 끝에 부장 책상 위에 있는 가동률반을 제작케 했던 것이다. 이 가동률반은 1,000만 엔 이상 기계의 가동상황만 표시하게 되어 있는데 현재 12포

지선에 빨간색과 파란색 램프와 도수계가 달려 있다. 현장 기계가 가동하고 있을 때에는 파란불이 들어오고, 스위치가 끊겨 가동이 정지되었을 때에는 빨간불이 켜지게 되어 있다. 또한 램프 옆에는 가동하지 못한 시간에 해당하는 상각비에 누계손실금액이 표시되는 동시에 전체 기계의 합계손실비용을 표시하는 도수계도 부착되어 있다. 그야말로 온라인 리얼타임 컨트롤이다.

부장은 자리로 돌아오자마자 그 계기를 보는 것이 일과로 되어 있어 80퍼센트 이상의 가동률을 표시하고 있으면 양호, 70~80퍼센트이면 요주의, 70퍼센트 이하가 되었을 땐 즉시 현장으로 가서 필요한 조치를 취하도록 하고 있다.

"선생님, 보십시오. 지금도 대체로 80퍼센트 이상은 가동하고 있지요."

"그렇군요."

"이와 같이 80퍼센트 이상 가동하고 있어도 매일 3만 엔 안팎의 헛돈이 나갑니다. 정말 안타깝습니다. 그래도 한때는 10만 엔 이상이었던 것이 이 정도까지 개선되었으니 정말 잘됐지요. 이제 이 가동률반은 본전을 뽑고도 남습니다."

"뭐라고요?"

모르는 게 약? :: SURVIVAL COMPANY

| 고객을 등에 업은
영업부의 억지

니혼바시의 어떤 백화점에서 손님에게 주문받은 송년선물이 완전히 발송되었는지 체크하던 중 한 개가 발송되지 않은 것을 발견했다. 그것은 고작 1,000엔짜리 과자였는데 보낼 곳은 후쿠오카로 되어 있었다. 그런데 그날은 이미 12월 31일. 그날 안으로 도착하지 못하면 설날이 되고 만다. 깜짝 놀란 판매책임자는 부장에게 보고하여 곧바로 항공편으로 그 선물을 배달했다고 한다. 신용을 생명으로 여기는 백화점에서는 이런 이야기가 미담이 될 수 있을 것이다.

그런데 기업에서 일상적으로 잊혀져 있는 비용도 이와 같은 미담이라고 볼 수 있을까? 대답은 그 반대이다. 예컨대 영업부문은 제조부문의 가동상황은 전혀 무시하고 무조건 주문을 받아 온다.

"고객의 특별주문이니 6개월이 아니라 3개월 내에 어떻게든 만들어주시오."

"발주사에서 납기를 한 달 앞당겨 달라고 하니 시급히 계획을 바꿔 납기를 맞추어주시오."

이와 같은 어처구니없는 주문을 쉴 새 없이 공장으로 갖고 온다. 고객은 분명 왕이기는 하다. 더구나 오늘날처럼 고객 중심의 시대로 바뀌면 바뀔수록 고객의 어지간한 억지를 으레 들어주는 것이 당연할지도 모르나, 영업부가 제작부의 사정은 들어보지도 않고 고객 요구만을 지상명령으로 앞세워 제작부를 들볶으면 어떻게 될 것인가? 본사에서 고객 요구만 전달하면 하청업자인 공장은 약자 입장이기에 지시가 떨어지면 무리해서라도 해준다. 따라서 영업부에서는 부탁만 하면 으레 생산부에서 해주려니 하고 믿게 된다.

바로 이 때문에 엄청난 코스트가 먹히는 것이다. 이런 일이 현재화되지 않기 때문에 공장 측의 항의가 기껏해야 푸념으로 끝나고 만다. 그러면 안 된다. 공장은 눈에 보이지 않는 이 같은 코스트의 원인을 모두가 쉽게 찾아볼 수 있도록 해야만 한다.

"정 그렇다면 영업부의 요구대로 납기를 앞당깁시다. 그러나 그건 영업부의 책임이므로 그 때문에 발생하는 초과비용 20만 엔은 영업부로 명세서를 돌리겠습니다. 표준공기 6개월인 것을 3개월에 제작하라고 한다면 그것도 좋습니다. 그렇지만 그 일 때문에 임시공을 채용한다든가, 또는 특근잔업도 하면서 지금 하고 있는 작업을 뒤로 미루게 되니 이것저것 모두 합치면 추가비용이 50만 엔은 되는데 그것도 역시 영업부로 청구서를 보낼 테니 지불해주십시오."

이와 같이 모든 요구를 금액으로 평가해나가면 영업 담당자 역시 코스트 관념을 갖고 진지하게 고객과 교섭하게 될 것이다.

코스트 계산은 급할수록 천천히

이와 같은 사례는 영업뿐만 아니라 어느 직장에서나 끊임없이 발생하고 있는 것이다. 예컨대 제조현장에서도 이런 일이 빈번하다.

"2호기를 사용하지 말고 5호기를 사용하시오. 2호기에는 더 급한 K사 주문품을 붙여야겠소."

이렇게 되면 할 수 없이 능률이 떨어지는 기계로 작업해야 하는 경우도 있다. 또한 납기에 임박해서 재료가 입고되었기 때문에 그 재료가 품질상 문제가 있지만, 반품할 수도 없어 울며 겨자 먹기로 군손질을 하게 되고 이에 따라 제조코스트가 늘어나게 되는 경우도 있다. 또한 여느 때 같으면 정기화물로 수송해도 될 것을 발주자가 재촉하기 때문에 빨리 납품하기 위해서 할 수 없이 특별수송편을 이용한다든가 하는 일도 있다.

 기업에서는 이와 같은 일이 당연한 일처럼 행해지고 있다. 그러나 '티끌 모아 태산'이라고 하지 않는가. 이와 같은 손실비용은 모두 합치면 거액이 될 것이다. 이러한 상태를 개선해나가기 위해서는 모든 잠재적 비용을 현재화하고 일의 잘잘못과 소요시간 등을 모두 금액으로 계산하도록 해야 한다. 이런 문제를 진지하게 생각하는 회사는 별로 많지 않고 대부분의 기업은 필요성을 알고 있으면서도 쉽게 실천하지 않고 있는 것이 현실인 것 같다. '모르는 게 약'이라는 속담이 있기는 하지만 알 것은 알아야 하지 않을까?

재고관리의 허와 실 :: SURVIVAL COMPANY

| 창고를 넓히면
재고관리가 잘된다?

기업이 커지면 재료나 부품, 제품의 보관을 담당하는 창고시설이 필요해진다. 그리고 그 창고시설을 관리하는 것이 창고과장이다. 필자의 경험으로는 기업 규모의 대소를 불문하고 또한 업종에도 관계없이 창고부문 담당자들의 발상이나 불만에는 놀랄 정도로 공통점이 있다. 큰 창고를 가진 회사나 작은 창고를 가진 회사나 모두 한결같이 '조금만 더 공간이 있으면 재고관리가 더 완벽하게 될 수 있을 텐데' '창고가 좁아서 몹시 불편해' 같은 푸념을 한다는 것이다. 공간이 충분하다고 말하는 사람은 거의 없다. 바로 그 점이 하나의 큰 문제가 된다고 볼 수 있다. 그래서 필자는 가끔 이런 말로 비꼰다.

"과장님, 당신이 독신일 때는 어느 정도 크기의 집에서 살았습니까?"

"24평짜리 집이었지요."

"결혼하고는 어떻게 되었습니까?"

"아니, 결혼한 후에도 24평짜리 집입니다."

"그렇습니까? 아이들은 지금 몇인가요?"

"둘입니다."

"첫아이를 낳았을 때 큰 집으로 이사하셨습니까?"

"아닙니다. 안방에 있던 세간을 일부 마루로 옮기고 그럭저럭 하다 보니 둘째를 낳고도 24평짜리 집에서 살 수는 있더군요."

내가 왜 이처럼 짓궂은 질문을 했는지 독자 여러분은 충분히 짐작할 것이다. 사람은 누구나 자기 자신의 일이라면 온갖 지혜를 모두 짜내어 좁은 공간도 최대한으로 이용하는 방법을 생각해낸다. 그런데 회사일이 되면 그런 지혜를 짜내려 하지 않는 것 같다.

넓으면 넓은 대로 좁으면 좁은 대로 어느 회사나 모두 창고공간이 좁다고 불평이다. 이것을 거꾸로 생각해서 가령 지금의 창고를 두 배로 넓혔다고 해도 1년 후에는 또다시 공간이 모자란다고 불평할 것이다. 이와 반대로 공간을 절반으로 줄인다면 어떻게든 꾸려 맞춰서 창고관리를 해나갈 것임에 틀림없다. 이렇게 재고관리에는 폭이 있으며 연구의 여지가 있다.

| 재고량 증가는
| 코스트의 증가

공간이 없다고 하는 건 그만큼 재고량이 증가했다는 것을 의미하는데 재고유지비는 실상 엄청난 금액이 되는 것이다. 얼핏 생각해보아도 보관을 위한 공간의 고정비, 보관을 위한 운반설비의 고정비, 보관용 집기비품의 고정비, 입출고를 위한 계측기 고정비 등이 고정비용으로 발생한다. 또한 시간이 경과함에 따라 공간의 전기료 및 수리비, 청소비, 운반설비의 전력비, 연료비, 수리비, 집기 비품 수리 등의 비례비, 재고품의 금리, 재고품의 손상비용, 재고품에 대한 세금과 보험료, 재고품의 운반 및 보관을 위한 작업코스트, 입출고 관리를 위한 코스트 등이 발생한다.

이런 비용은 잠재적인 코스트여서 좀체 현재화하지 않는다. 우리 회사의 코스트전문부가 어떤 회사에서 실제로 조사한 바로는 고정비용이 총 재고금액의 연 8퍼센트, 비례비용이 17퍼센트로 연간 재고유지비가 약 25퍼센트에 이르고 있었다. 이것을 구체적으로 말하면 1억 엔 재고품이 있으면, 그것 때문에 연간 약 2,500만 엔의 비용이 발생한다는 말이 된다. 이와 같이 코스트가 현재화되면 창고과장은 어떻게 하면 재고품을 적게 할 것인가를 어느 때보다도 진지하게 연구하게 될 것이다. 적어도 어떻게 하면 창고를 늘릴 것인가 하는 식의 잘못된 발상은 하지 않을 것이다.

관리자여, 각성하라!

:: SURVIVAL COMPANY

| 소프트웨어 비용을
어떻게 산출할 것인가

컴퓨터를 도입할 때 시스템개발비 등 이른바 소프트웨어 코스트가 들어간다는 것은 요즈음은 상식으로 되어 있다. 또한 특정기업 또는 특정부문에서는 컨설턴트나 회계사, 세무사들이 맡는 소프트웨어 서비스에 대해서도 그 서비스에 맞먹는 비용을 지급하는 것이 당연하게 실시되고 있다.

그런데 일반기업의 회계업무에서는 모든 소프트웨어 비용을 물품(하드웨어) 제조행위의 일부라고 간주하여 제품코스트에 이를 배분해서 계산하는 방식을 취하고 있다. 이것은 매우 구시대적인 방법이며, 하드웨어 비용과 소프트웨어 비용을 분명히 구분하여 프로젝트 및 목적별로 파악하는 방법을 취하지 않는 것은 참으로 유감스러운 일이다. 아무래도 일본인은 유형 물질에 대해서는 대금을 지불하지만, 무형의 가치(예컨대 아이디어 비용, 변호 비용, 진단비, 지도비, 서비스 비용 같은 것)에 대해서는 금전으로 환산해서 주고받는 것을 이상하게 생각하고 있는 것 같다. 이것은 일본의 사회관습상의 문제도 있겠지만 비즈니스 분위기의 기업 내에서도 이러한 문제가 있는 건 정말 바람직하지 못한 일이다. 회계제도 그 자체에도 문제가 있으며 관리자층도 지금까지의 관념에서 눈을 돌려야 할 것이다.

| 어떤 설계과 직원의 경우

설계과에 근무하는 A씨는 설계코스트의 평가에 대해 한 가지 의문을 품고 있었다. 그것은 오늘날 모든 제품에 필요한 거액의 제품설계비는 모조리 일반관리비로 쳐서 각 제품에 배분하여 할당하고 있다는 점이다. 그러나 곰곰이 생각해보면 표준기종의 경우와 신규설계가 필요한 특주품의 경우는 설계코스트에서 엄청난 차이가 있으므로 현재와 같은 일괄충당식 계산법은 앞으로 큰 문제가 되리라고 본 것이다. 그래서 그는 기술부장에게 제안했다.

"이제부터는 기종별로 설계코스트를 평가할 수 있는 기준을 확실하게 작성해놓으려고 합니다."

"그야 물론 필요한 일이긴 하지. 그렇지만 그건 매우 어려운 일일세. 설계코스트라는 건 현장작업처럼 분명한 공수를 산출해서 한 시간에 얼마라는 식으로 간단히 계산되는 것이 아닌데 어떻게 할 텐가?"

기술부장은 그다지 찬성하는 것 같지 않았다. 그 말을 듣고, 그렇지 않아도 쉬운 일이라고는 생각하지 않고 있었는데 부장의 의사마저 무시해가면서까지 할 필요성은 없고, 만약 하다가 실패라도 한다면 체면 문제도 있으니 그냥 가만히 있는 게 낫겠다 싶어 포기하고 말았다. 그런데 어느 날 설계관리과 B씨가 기술부장에게 와서 외부 설계사무소에 의뢰해두었던 도면에 관해 보고했다.

"부장님, 그 설계가 완성되었습니다. 내용은 제2설계과장이 체크했는데 오케이라고 합니다. 그런데 청구서를 보니 설계비가 120만 엔이라고 해서 결재를 올리려고 하는데요…."

"120만 엔? 그거 좀 비싼데? 처음 계약은 얼마였나?"

"당초에는 95만 엔으로 계약했습니다만 도중에 회사 사정으로 구동부驅動部의 스펙을 변경했기 때문에 약간 비싸졌습니다."

"음, 그런가? 그렇다면 그 정도의 비용은 더 얹어주어야겠군. 좋소."

A씨는 이런 대화를 듣고 이상하게 느꼈다. '부장님은 어떻게 그 도면의 가치를 120만 엔이라고 평가할 수 있을까. 그렇다면 회사 내의 설계코스트도 평가할 수 있을 텐데!' 하고.

| 어떤 업무과 직원의 경우

업무과의 C씨는 해마다 늘어나는 사무직원을 보고 이렇게 나가다는 큰일 나겠다고, 어떻게든 작업을 합리화하지 않으면 엄청난 사무비가 들겠다는 걱정이 들어 부장에게 제안해보았다.

"업무과 작업 내용을 잘 검토해서 꼭 필요한 인원수를 산출해보려고 하는데 어떻게 생각하십니까?"

"자네 업무과의 작업은 고객의 사정에 따라 많아졌다 적어졌다 하는 것이니 현장작업처럼 정량적으로 일정한 요원을 산출하는 건 어려울 걸세."

반응은 기술부장의 경우와 비슷했다. 그러나 생각해보면 재미있다. 이 부장은 내년도 신규채용에 대해 인사과가 조사를 할 때 업무부는 내년에 6명의 증원이 필요하다고 하면서 그 이유를 설명했다고 한다.

이 두 사람의 경우에서 알 수 있듯이 부하에게는 안 된다며 시키지 않으면서도 자신은 손쉽게 여러 가지 평가를 내리고 있고, 관리자도 그렇게 하는 것에 아무런 모순점도 느끼지 않고 있다. 만약 필자가 A씨나 C씨의 입장이었다면 "부장님, 어떤 근거로 그런 평가를 하셨습니까?" 하고 끈질기게 물고 늘어지고 싶은 심정이다. 그리고 그 필요성을 설명해주고 싶지만 그건 어지간히 배짱이 있는 사람이 아니고서는 할 수 없을 것이다. 현실적으로 상사와 부하직원의 관계는 그리 단순한 게 아니다. 그렇기 때문에 관리자 스스로 각성하지 않으면 안 된다. 이와 같은 관리자의 태도가 소프트웨어 비용의 현재화를 방해하고 있는 제2의 원인이다.

제3의 문제는 기업에서 일하고 있는 많은 사람들이 이런 소프트웨어 비용을 파악하는 지식 및 기술이 부족하든가 아니면 내용을 전혀 모르고 있다는 사실을 들 수 있다. 모든 과학의 진보와 더불어 이 분야의 사회과학도 대단히 발전하여 오늘날에는 소프트웨어 비용을 간단히 파악할 수 있게 되었다. 그럼에도 불구하고 이런 노력을 게을리 하면 다음과 같은 비극이 일어나기 마련이다.

| 사무비 때문에
| 도산할 수 있다

어느 지방도시에 라디오 및 TV용 회로부품을 생산하는 공장이 있다. 한 건의 오더로 몇 만 개 혹은 몇 십만 개라는 수량을 만드는 양산효과 덕분에 한 개 10엔이나 20엔의 싸구려 제품이지만 그렇게 싼값이라도 채산은 맞는다. 업계의 시세도 대체로 그 정도이다. 그런데 무선기기나 통신기기를 제작하고 있는 회사로부터 가끔 한 개 또는 다섯 개라는 극히 적은 양의 주문을 받는 일이 있다. 물론 이럴 때에도 한 개 10엔이나 20엔이라는 싼 가격으로 팔고 있다. 나는 그 사실을 알고 어느 날 공장장에게 다음과 같이 말했다.

"A사에서는 언제나 대량주문을 하니까 한두 개의 소량주문이라도 영업정책상 싼값으로 팔아도 되겠지만 B사처럼 대량주문은 전혀 없고 대량생산도 아닌 부품을 한두 개씩 팔라는 고객에 대해서까지 왜 그렇게 싼값으로 팝니까?"

"그것 참 문제입니다만 얼마라는 것이 이미 카탈로그에 나와 있으니 할 수 없지요."

필자는 이러한 경영감각에 대해서는 놀라는 정도를 넘어서서 격분마저 느끼게 된다.

"그렇습니까? 그렇다면 제가 마음만 먹으면 혼자서도 이 공장을 간단히 도산시킬 수 있겠군요."

"무슨 그런 말씀을 하십니까? 도대체 그게 무슨 말인가요?"

"그렇지 않습니까? 제가 매일 이것을 한 개 주십시오, 저것을 두 개 주십시오, 하고 적은 수량을 계속 주문한다고 합시다. 그러면 아마 이 공장의 사무비가 엄청나게 늘어나서 얼마 가지 않아 적자를 면치 못할 겁니다."

즉 거기에는 나름대로의 이유가 있다. 오더를 받았을 때 일반적으로 어떤 사무비가 발생하는지 여기에서 잠깐 생각해보자.

(1) 청구서 및 수주연락표 등의 발행, 수령, 보관

(2) 재고유무표와 출고표 등의 발생과 수령, 보관

(3) 생산계획표 작성 및 발행, 수령, 보관

(4) 제조지시서, 작업전표, 작업완료통지서 등의 발행, 수령, 보관

(5) 검수지시서 발행, 수령, 보관

(6) 공정표 및 작업시간표의 발행, 수령, 보관

(7) 재료불출표 발행, 수령, 보관

(8) 자재구입표 및 외주품 등 구매의뢰서의 발행, 보관

(9) 시험검사지시서, 완료통지서 등의 발행, 보관

(10) 출하표, 제품송부표의 발행, 보관

(11) 청구서, 대금영수증 등의 발행, 보관

어떤 회사에서 이 문제에 대해 조사한 적이 있다. 그 결과 한 건의 오더를 처리하는 데 소요되는 사무비는 대체로 어림하여 다음과 같다는 사실을 알았다.

현재 재고가 있는 상품을 수주했을 경우 장거리 전화료는 제외하고 약 500엔~1,000엔이 든다. 그런데 소량주문으로 새로 제조해야 하는 경우, 각각의 부품 같은 단일품일 때는 오더 한 건당 사무비가 1,500엔 내외, 10여 가지 부품의 조립품이면 5,000엔 전후, 100여 가지 부품의 조립품이면 2만 엔 전후, 몇천 가지 부품의 조립품이면 무려 10만 엔 혹은 그 이상이 든다.

이와 같이 사무비는 의외로 많이 먹힌다. 따라서 양산이든 비양산이든 상관없이 소프트웨어 비용을 모든 제조에 일률적으로 부담시켜버리는 계산방식은 개선하여야 한다. 필자는 작은 로트 제품의 판매가격을 올리라는 말이 아니다. 시세나 고객과의 관계 등 종합적인 측면에서 가격을 결정하는 것은 당연하다. 단지 이와 같은 코스트가 발생한다는 사실을 알고 결정했는가, 모르고 결정했는가 하는 태도 자체를 문제 삼고 싶다.

배보다 배꼽이 더 크다니 :: SURVIVAL COMPANY

| 어느 판매부장의
| 심각한 고민

"지난번 임원회의에서 저는 다른 임원들에게 몹시 추궁을 당했습니다. 공장에서는 열성적으로 원가절감 운동을 하고 있는데 우리 판매부문에서는 광고비를 물 쓰듯 쓰고 있다는 것이었죠. 사실 우리 같은 업계에서는 광고를 했다고 매출이 크게 늘어난다는 법도 없습니다. 그렇다고 광고를 하지 않으면 매출이 떨어지는 것은 사실이니 아무리 불평을 듣더라도 광고는 지금 수준으로 계속해야 한다고 생각하고 있습니다. 판매부문의 원가절감으로는 광고비를 줄이는 것 이외에는 생각할 수 없으니 어떻게 해야 할지 정말 괴롭습니다. 선생님, 무슨 좋은 방법이 없을까요?"

이 판매부장의 고민은 심각한 것이었다. 광고는 현재 수준을 유지하되 제조부문 정도로 코스트를 절감시켜야 했기 때문이다. 판매부장이 보여준 광고비 일람표에 의하면 이 회사의 연간 광고비는 약 6억 엔이었다. 광고비에도 여러 가지가 있지만 그중 중요한 것은 다음과 같았다.

(1) 카피원고료, 식비, 사진촬영료, 모델료, 편집비, 광고게재료

(2) 라디오전파료, CF제작비 등과 같은 라디오 광고비

(3) TV전파료, CF제작비 등의 텔레비전 광고비

(4) 교통시설 안의 광고비, 교통시설 외부에 부착하는 광고비

(5) 소비자를 위한 DM비, 딜러 또는 중개인을 위한 DM비

(6) POP재료비, 인쇄비, 디스플레이 설치비 등 소매점 광고비

(7) 포스터 및 기타 광고 등의 작성설치 및 유지비, 광고용 차와 비행기 등에 의한 광고비, 디스플레이 전시비 등의 소위 옥외광고비

(8) 전단광고 같은 리플릿 광고비

(9) 기타 광고효과 조사비, 광고사전테스트비, 광고협회비, 업계광고분담금, 퍼블리시티 활동비, 회사자동차 표지, 공장 광고표지, 쇼 참가비 등의 광고비

이렇게 열거하고 보면 굉장히 많지만 다시 생각해보면 판매부

문의 비용이 여기서 끝나지만은 않는다.

"부장님, 이것 말고도 또 여러 가지 비용이 있지요?"

"네, 있고말고요. 그런데 그건 마땅한 목적별로 잡을 수가 없어서 골치 아픕니다."

외부에 지불하는 비용은 현재적인 코스트이므로 목적별로 확실하게 파악할 수 있지만 회사 내의 비용은 파악할 수 없다고 한다.

"사내 영업판매부문의 비용총액은 연간 어느 정도입니까?"

"총액은 알고 있습니다."

이렇게 말하며 그는 인건비와 출장비 등의 발생경비별로 그 명세를 보여주었다.

"부장님, 이건 영업판매만의 비용이죠? 이 영업판매부문을 움직이기 위해 타부문, 즉 기획, 인사, 복지, 경리, 서무 부문의 비용과 이 모든 부서에서 발생하는 총 비용의 금리를 합치면 얼마나 될 것 같습니까?"

"글쎄요, 그런 것은 생각해본 일도 없습니다."

| 광고비용보다 많은
| 소프트웨어 비용

우리는 그 후 며칠 걸려서 이런 타부문의 배분비용을 상세히 계산해서 판매부문에서 발생하는 총 비용을 시산해 본 결과 실로 엄청난 금액이 되는 것을 알았다.

담당직원을 포함하여 총 180명이 발생시키는 사무코스트는 연간 약 4억 5천만 엔, 이밖에도 교제비 약 5천만 엔을 특별한 프로젝트비로 별도 집계했다. 이런 비용을 다시 목적별로 분석해보면 누가 보아도 가치가 별로 없다고 생각되는 목적에 예상 외의 큰 코스트가 부담되고 있었다.

그러나 문제는 이것뿐이 아니다. 우리도 깜짝 놀란 일인데 많은 사용자에게서 들어오는 온갖 문의에 대응하기 위해서 사내 기술부가 발생시키는 설계비용 중에 실제 주문으로 연결되지 않은 부문이 무려 75퍼센트 이상을 차지하고 있었던 것이다. 또한 이와 관련하여 실제 판매와는 연결되지 않은 모의실험 등의 비용도 발생하고 있었다.

판매사무코스트, 판매교제비, 주문으로 연결되지 않은 설계비, 주문으로 연결되지 않은 실험비 등을 넓은 의미에서 판매비로 하여 합계해보면 연간 10억 엔 이상을 초과하여, 광고비 6억 엔만을 놓고 고민하던 판매부장은 소프트웨어 비용의 엄청난 액수에 새삼 놀라고 말았다.

　지금 당신의 회사에도 이런 일이 비일비재하게 일어날 것이다. 특히 소프트웨어 비용을 철저히 따지지 않는 회사가 많은데 이런 점이 기업의 생존을 위협하는 잠재수단이 될 수 있다는 것을 꼭 염두에 두기 바란다.

:: SURVIVAL COMPANY

인건비, 어떻게 할 것인가

사무직원 1인당 드는 비용은?

사무직원을 한 사람 채용하면 회사로서는 매월 얼마 정도의 비용을 감당해야 할까?

(1) 월급
(2) 가족수당, 출퇴근수당, 임원수당, 직책수당, 개근수당, 주택수당, 잔업수당, 잔업식대, 휴일출근수당, 생산장려금, 능률가산급 등의 제수당
(3) 연간 1, 2회 지급하는 상여금
(4) 퇴직준비금
(5) 회사에 따라 건강복지보험, 단체보험, 경영자보험, 기업연

금 등의 보험금

(6) 건강보험료, 국민연금, 고용보험료, 산재보험료

(7) 기숙사, 사택, 체육시설, 레크리에이션 시설, 보육소, 병원, 진료소 등의 비용과 이밖에 종업원을 위한 식당운영비, 제행사비, 계약여관보조비, 각종시설건물과 정원 등의 미화비 등의 복리후생비

(8) 종업원에게 지급하는 복장비, 수건 및 화장지 등의 소모품비, 위생시설에 의한 위생비

(9) 결혼, 출산, 장례 등의 경조비

(10) 사무직원 채용비를 평균 근무월수로 나눈 비용

이와 같은 인건비는 전체 기업의 평균치로 생각했을 때 대체로 월급의 1.8배에 해당하고 있다. 즉 그 사무원의 월급이 15만 엔이면 기업으로서는 매월 27만 엔의 비용을 지출하는 것이 된다(대기업은 월급의 2배 이상 지출하고 있는데 중소기업까지 통틀어 보면 기업 중에는 1.5배도 되지 않는 곳도 있으므로 평균하면 1.8배가 된다).

그런데 정작 채용된 사무직원이 근무하게 된다고 하면 다시 추가비용이 발생한다. 우선 공간이 필요하다. 책상, 의자, 사무용 소모품을 사용한다. 전자계산기, 캐비닛, 탈의용 로커도 필요하게 된다. 또한 가끔 교육훈련비도 필요하다. 이와 같이 그

사무원이 직접 일함으로써 발생하는 비용은 인건비의 약 10퍼센트 정도로 보면 된다.

그런데 이 사무직원이 일함에 있어서 결코 단독으로는 할 수 없다. 그 사람이 일하기 위해서는 관리감독자나 혹은 보조서비스부문이 필요하게 된다. 예컨대 지금 품질관리과에 사무직원이 한 사람 배치되었다고 하면 그 사람 때문에 계장의 일이 늘어나며 과장의 일 또한 많아진다. 그뿐 아니라 인사, 근로, 후생, 서무, 경리 등에서도 간접적으로 사무가 발생한다. 또한 이와 같은 사무직원이 점점 늘어나면 서고, 창고, 응접실 등의 공통 공간도 넓어져야 하며 프린터기, 복사기, 컴퓨터 등의 사무실 공통설비도 설치하게 된다. 인터넷 사용료, 전화비, 우편비, 데이터통신 및 팩스비 등의 통신비도 증가할 것이다. 또한 도서, 잡지, 간행물 등의 자료비도 증가한다. 이와 같은 비용은 본인 인건비의 약 20퍼센트 내외가 된다. 여기 다시 금리가 붙는다. 이 금리라는 것은 기업 입장에서는 볼펜 한 자루에도, 공간비용의 일부인 조명비로서의 전기료에도 발생하는 것이다. 좌우간 모든 비용에 금리가 붙는다. 여기서 열거한 것은 평상시 생각할 수 있는 최소한의 비용항목이다. 사무코스트에 대해서는 일반적으로 다음과 같은 것을 말할 수 있다.

| 사무개선의 첩경은
| 사람을 줄이는 것

특별한 프로젝트비를 제외하면 사무실 비용은 75퍼센트가 인건비이다. 회사에 따라서는 80퍼센트를 웃도는 경우도 있다. 그러므로 일반적으로 하고 있는 전표의 매수를 줄이거나 발생부수를 줄이거나 기계화시켜 사무시간을 단축하는 틀에 박힌 개선은 진정한 사무개선이라고 할 수 없다. 사무개선은 사람을 줄이는 것이다. 그렇게 해야 비로소 코스트가 절감된다.

이렇게 말하면 사무시간을 줄일 수 있는 개선을 한다면 인건비가 절감되지 않아도 다른 사무용 소모품 등의 면에서 코스트가 낮아질 거라고 말하는 사람도 있을지 모른다. 확실히 사무시간 단축으로 사무용 소모품비는 다소 절감될 것이다. 그러나 그건 전체 사무코스트의 10퍼센트 이내에서만 이루어질 것이다. 더구나 대개의 경우 이런 사무시간을 줄여보아야 그 시간만큼 커피를 마신다든가 필요 없는 전화를 건다든가 혹은 다른 직원의 일을 방해하는 것이 현실이며, 실질적으로는 아무런 삭감도 되지 않는다는 사실을 알아야 한다.

:: SURVIVAL COMPANY

쳐다보기만 해도 월급은 준다

| 워칭과 루킹의
| 커다란 차이

개선을 하기 위해 엄청난 돈을 투자했는데 실제로는 전혀 개선이 되지 않는 어처구니없는 사례는 많은 기업에서 일어난다. 예컨대 인건비의 상승에 의한 코스트 증가를 피하기 위해 1 대 1로 담당하는 선반작업을 개선하여 자동제어장치를 설치했다고 하자. 이렇게 해서 작업자가 필요 없게 되었다면 문제는 없는데 실제로는 그렇게 되지가 않는다. 작업자는 전과 다름없고 자동제어장치의 설치비와 유지비만 가중되는 부담을 안게 되었다는 실패 사례도 적지 않다.

왜냐하면 작업자로서는 기계가 자동적으로 가공 대상 소재를 절삭하는 상태를 가만히 보고만 있으면 되는 비율이 높아졌을 뿐이기 때문이다. 우리 업계에서는 이것을 루킹(looking), 즉 쳐다보기라고 부른다.

'본다'는 말에는 두 가지 의미가 있는데 하나는 '워칭(watching)' 즉 조심스레 지켜보는 것이고 다른 하나는 '루킹(looking)' 즉 단지 쳐다보고만 있는 것이다. 이 '쳐다보기'라는 것은 완전한 기회손실이다. 이 손실은 꼭 선반가공작업의 경우뿐 아니라 대부분의 장치산업, 기계공장에서도 흔히 볼 수 있는 것이다. 필자는 그런 광경을 보면 곧 책임자에게 다음과 같이 말한다.

"기계는 열심히 작업을 하고 있으니 기업에서는 그 기계에 대해서는 감가상각비를 지불해주어야 하지만, 작업자는 구경만 하고 있으니 오히려 관람료를 받아내야겠군요."

영화관을 가든 야구장을 가든, 무언가를 구경하러 가면 반드시 관람료를 내야 한다. 그런데 기업은 반대로 구경만 하고 있는 사람에게 관람료를 지불해주고 더구나 그 관람료는 해마다 인건비 상승에 따라 어김없이 올라간다. 이건 도대체 어떻게 된 일일까.

| 사람, 설비, 재료 모두
| 서로를 쳐다보고만 있다?

이는 사람뿐 아니라 설비에 적용되기도 한다. 예컨대 래디얼 드릴링 머신에 의한 기어박스 천공 작업을 생각해보자. 이 작업은 기어박스를 공작기계에 물리거나 들어내는 작업준비 공정이 5분 걸리며 천공작업에 소요되는 시간도 5분이면 된다. 요컨대 한 개 완성하는 데 10분이 걸리는 것이다. 그러나 곰곰이 생각하면 이 역시 무언가 문제가 있다고 느끼게 될 것이다. 래디얼 드릴링 머신은 암(arm)을 크게 회전시킬 수 있다. 따라서 기어박스는 베이스 위에 하나뿐 아니라 몇 개라도 보조베이스를 주위에 만들어 고정시켜놓을 수 있다. 드릴이 천공작업을 하는 동안 다른 베이스에 기어박스를 고정시키는 작업을 해놓으면 첫 번째 기어박스 천공작업이 끝나자마자 바로 이미 그 사이에 고정시켜 놓은 두 번째 기어박스 위로 암을 돌려놓고 천공작업을 시작할 수 있다. 그리고 천공작업이 끝난 기어박스를 떼어내고 그 자리에 새로운 기어박스를 고정시킨다. 이런 식으로 작업을 계속한다면 1대로 2대 몫의 작업을 할 수 있을 것이다. 기계의 경우도 이렇게 개선을 하지 않으면 사람의 '쳐다보기'와 마찬가지다. 기계가 5분간 작업하더라도 사람이 가공 대상물을 들어내고 올려놓고 할 때는 우두커니 멈춰

있을 것이다. 즉 기계 역시 '쳐다보기'를 하고 있는 셈이며, 그렇게 되면 감가상각비는 절반이 손실된다.

　재료도 마찬가지다. 재료는 창고에 쌓여 있다가 작업 직전에 운반되어 다시 현장에 쌓이게 된다. 가공이 끝나면 곧 또다시 그 자리에 우두커니 쌓여 있다가 다른 곳으로 운반된 후 그곳에서 또 정지하게 된다. 재료 역시 이렇게 쌓여 있는 것은 모두 비용 손실이 되는 셈이다.

　여기서 예로 든 사람, 기계설비, 재료 등의 '쳐다보기'에 의한 기회손실은 원가에서 상당히 큰 비중을 차지하게 되는데, 진지한 연구를 통해 합리화를 강력히 추진하는 기업이 아니면 이런 일은 관심의 대상으로 여기지도 않고 당연한 일로 생각하며 그날그날을 멍하니 보내게 된다.

:: SURVIVAL COMPANY

토지와 다이아몬드와 에메랄드

| 돈 버는 선택,
| 손해 보는 선택

오가와 씨는 보석에 취미가 있어서 많은 보석을 수집하고 있었는데 최근 공장을 증개축하기 위한 토지가 필요하게 되었다. 그래서 공장 바로 옆의 토지 소유자인 친구 스즈키 씨에게 다음과 같이 제안했다.

"스즈키 씨, 당신이 탐을 내고 있던 보석 중에 에메랄드, 다이아몬드, 비취 중 한 개와 당신이 소유한 토지를 교환합시다."

그 보석의 시가는 에메랄드가 250만 엔, 다이아몬드가 200만 엔, 비취가 150만 엔이다. 스즈키 씨는 이 세 가지 보석 중에서 다이아몬드가 마음에 들어 그것과 토지를 교환했다. 스즈키 씨의 토지는 3년 전 70만 엔에 매입한 것인데 지금은 100만 엔은 나가는 것이었다.

| 기회비용까지 따져야 한다

그러면 스즈키 씨는 다이아몬드와 토지를 바꾸어 얼마의 이익을 보았을까? 이런 경우 답은 세 가지가 나온다. 하나는 다이아몬드가 200만 엔, 토지가 70만 엔이니 그 차액인 130만 엔이 이익이라는 계산인데, 그런 계산은 어리석은 것이다. 다음에 많은 대답은 그것을 모두 시가로 평가해야 한다는 전제 아래 다이아몬드는 200만 엔, 토지는 100만 엔, 따라서 100만 엔 이익이라고 보는 것인데 이 답 역시 첫 번째 답과 엇비슷하다. 여기서 문제가 되는 중요한 점은 에메랄드·다이아몬드·비취의 선택이며 어느 것을 선택하든 3년 전에 구입한 토지대금 70만 엔과는 아무런 관계가 없다는 것이다. 만약 이때 스즈키 씨가 에메랄드와 교환했다면 250만 엔의 수입을 얻을 수 있는데도 불구하고 다이아몬드와 교환했기 때문에 50만 엔 손해 본 것이 문제라는 말이다.

스즈키 씨는 다이아몬드를 손에 넣음으로써 토지가격과 비교하여 이익을 얻었다는 것이 아니고, 다이아몬드보다 50만 엔이 더 비싼 에메랄드를 선택하는 것을 포기한 셈이므로 50만 엔의 손실을 보았다. 이것이 옳은 답이다. 약삭빠른 사람이라면 먼저 에메랄드와 토지를 교환하고 그것을 250만 엔에 판 다음 그중 200만 엔으로 오가와 씨의 다이아몬드까지 사면 200만 엔의 다이아몬드와 현금 50만 엔이 생겼을 것이다.

한 명은 받지 않는
온천여관

:: SURVIVAL COMPANY

| 방을 비워두는 게
| 더 이득이라니

우리 회사는 1년에 3회의 휴가를 주는데 이 책을 쓰기 위해 필자는 현재 혼자서 하코네의 한 여관에 머물고 있다. 그런데 여기 오기 전에 참으로 재미있는 일이 있었다. 이 여관은 울창한 대숲 속에 방이 따로따로 독립되어 있고 정원 한가운데로 작은 냇물이 흐르고 있어 매우 조용한 온천여관이다. 필자는 이 여관이 마음에 들어 1년에 3~4회는 이용하고 있다. 언제나 3~5명이 함께 오는 경우가 많았는데 이번에는 조용하게 집필을 하기 위해 혼자 왔다. 그런데 이 여관에 투숙하기까지 약간의 문제가 있었다. 필자가 한 달 전에 이 여관에 예약전화를 넣

었을 때였다.

"여보세요. JEMCO의 사토입니다."

"아, 네. 항상 이용해주셔서 감사합니다."

"실은 이번 달 30일부터 다음 달 5일까지 예약을 하려는데 방이 있겠지요?"

"네, 비어 있습니다만 몇 분이십니까?"

"이번에는 저 혼자입니다."

"아, 혼자서 일주일이라고요? 평소 이용해주시는데 이런 말씀 드리게 되어 죄송하지만 한 분 손님은 받기가 곤란한데요."

"아니, 그게 무슨 말씀입니까?"

혼자 투숙하려는 여성을 여관에서 잘 받아주지 않는다는 것쯤은 필자도 알고 있다. 그것은 자살이라든가 그밖에 엉뚱한 사건이 벌어지면 골치 아프기 때문일 것이다. 그러나 필자는 남성이고 더구나 단골이며 구면이다.

"왜 안 된다는 겁니까? 이유가 뭐지요? 빈 방은 틀림없이 있는 것 아닙니까?"

"네, 실은 혼자 오신 손님은 밤에 저희가 들어드릴 수 없는 무리한 요구를 하시기 때문에 받지 않고 있습니다."

"원 참, 그 점이라면 걱정 마십시오. 저를 잘 알고 계시지요?"

"네, 잘 알고 있습니다만…."

"그럼 그런 요구만 하지 않으면 되는 겁니까?"

"아니요…, 솔직히 말씀드리면 한 분 손님은 남는 게 없어서 받지 않고 있습니다."

| 지배인도 간과한 빈 방의 기회비용

필자는 '허허, 코스트 문제가 되는군. 이거 참 재미있네' 라고 생각하며 다시 물었다.

"어째서 한 분 손님은 남는 게 없습니까?"

"아시다시피 저희 여관은 한 방 한 방이 독립되어 있지 않습니까? 그러니 한 분 손님으로는 남지가 않습니다."

"그것 참 이상한 말씀이네요. 지금은 방이 비어 있지만 그 사이에 세 사람 네 사람 단체 손님에게 예약신청이라도 온다는 겁니까?"

"아뇨, 오랜 경험으로 봐도 이맘때는 만실이 되는 일이 없습니다. 그래서 빈 방은 얼마든지 있지요."

"그렇다면 괜찮지 않습니까?"

필자는 지배인을 바꾸라 하여 기회 코스트 이야기를 들려주었다. 한 분 손님을 받든 비워두든 코스트는 발생한다. 비어 있다면 한 분 손님이라도 받는 것이 당연히 이득이다.

"그렇군요. 듣고 보니 알 것 같습니다. 그럼 꼭 와주십시오."

이렇게 해서 간신히 예약을 끝냈다. 여관에 도착한 첫날 지배인이 방으로 찾아왔다.

"사토 씨, 저는 20년 이상 여관업을 해왔습니다만 그런 점은 생각도 못했습니다. 확실히 방이 비어 있을 때에는 한 사람이라도 숙박시키는 것이 이득이 되겠네요, 하하하."

어떻게 보면 코미디 같은 이야기이다. 그러나 이런 일은 아직도 빈번하게 벌어지고 있다.

… Chapter 4

코스트 매니지먼트

원가의식이 없는 회사는 더 이상 살아남을 수 없다. 코스트 경영은 모든 기업이 이윤을 내기 위해 반드시 실행해야 하는 '정석' 과도 같은 것이다. 그러나 경영자가 원가절감 방안을 실행한다 하더라도 확실한 기준을 가지고 상황에 맞는 지혜로운 대처법을 강구하지 못한다면 배가 산으로 갈 것이다. 전반적인 코스트를 관리함과 동시에 각 요소별 코스트를 확인하는 종합적인 코스트 매니지먼트가 절실히 필요한 이유다.

:: SURVIVAL COMPANY

산이라고 다 같은 산이 아니다

| 적자를 면치 못하는
근본적 이유

도쿄에서는 이제 더 이상 공장을 확장할 수 없다. 이웃 주민들의 불평도 이만저만이 아니다. 그래서 사장은 한 가지 결심을 굳혔다. 현재의 도쿄 공장과 본사에는 연구부문과 수리부문만 존속시키고 제조공장은 교외로 이전한다는 것이었다. 공장 이전을 위해서는 토지 매수비용 및 건축비, 기숙사·사택 등의 건축비, 공장 분산에 따르는 신규설비 구입비, 폐기물의 처리시설비, 종업원 출퇴근용 버스 구입비 등을 모두 합쳐서 약 80억 엔의 투자가 필요했다.

그로부터 1년 반 뒤 새 공장은 마침내 가동을 시작했다. 그런데 문제가 있었다. 사장은 새 공장의 사업소장에게 초년부터 흑자가 나도록 하라고 강력하게 지시를 내렸던 것이다. 그러나 조업 1년간의 업적은 엄청난 적자여서 사업소장은 2년째부터는 반드시 흑자를 내야 한다고 결의하며 합리화를 위한 모든 시책을 내세워 이를 철저하게 실행했다. 하지만 2년째 업적도 역시 적자로 끝났다. 사장은 이것을 보고 몹시 화를 냈다. 결국 사업소장이 경질되고 신임 소장을 맞게 되었다. 그러나 두 번째 소장도 겨우 1년 만에 경질되었다. 4년째 되는 해에 마침내 세 번째 사업소장이 임명되었다. 그런데 마침 그 세 번째 사업소장은 필자의 친구였다. 그는 필자를 불러서 회사의 경리내용을 설명하고 어떻게 하면 흑자로 돌릴 수 있겠냐고 자문을 구했다. 그래서 얼마간의 자료를 받아 와서 검토해본 결과 아무래도 흑자가 나기는 어렵다는 결론을 얻었는데 그 이유는 다음과 같았다.

(1) 80억 엔이나 되는 엄청난 투자의 금리

(2) 건축비와 설비비의 막대한 감가상각비

(3) 가동하는 않는 유휴고정자산의 상각비 문제

이상 세 가지 비용이 전체 총 매출액의 무려 34퍼센트를 차지하고 있는 마당이므로 현재의 공장원가를 50퍼센트 낮추어야 손익분기점이 되는데 그럴 가능성은 전혀 없었기 때문이다. 더

구나 당시는 국내외 경기도 불황이어서 도저히 증산은 기대하기 어려운 상태였다. 필자는 친구인 사업소장에게 지금 상황에서는 아무리 애써도 현 실정으로는 흑자로 돌리기 불가능하다고 말했다.

"나도 그렇게 생각하네. 이거 골치 아픈 역할을 맡게 되었지 뭔가. 이건 내 능력을 훨씬 넘어서는 난제여서 지금 내가 할 수 있는 일은 단지 최대의 노력을 기울여 적자를 최소한으로 줄이는 것뿐이야."

"그래서야 되겠나? 경영에 귀속되는 코스트를 한 사업소에 맡기고 흑자만 내라고 하면 사업소로서는 어떻게 해줄 방법도 없고 경영정책적으로도 중대한 잘못 아닌가. 나와 함께 사장님에게 가서 이야기를 드려보지."

코스트 비용을 분산하고 적절한 목표를 세워라

필자는 그와 함께 사장을 찾아가서 여러 가지 문제점을 지적하며 다음과 같이 제안했다.

"적어도 앞으로 3년은 경영귀속적인 비용을 이 사업소에 분담시키지 말고 다른 사업소에도 균등하게 분담시키십시오. 또 이

사업소에 대해서는 열심히 노력만 하면 달성할 수 있는 실제적인 목표를 제시할 필요가 있습니다."

이런 제안에 대해 마침내 고집을 부리던 사장도 이제 알았으니 즉시 임원회의를 개최하여 그 문제를 검토해보겠다고 약속했다. 결국 임원회의 끝에 필자의 제안대로 결정되었다. 즉 경영귀속적인 비용은 6개의 사업소에 등분되고, 종전의 6분의 1만을 그 사업소가 떠맡게 된 것이다. 그러자 이 사업소의 임원들도 모두 새로운 각오로 노력을 거듭하여 그 후 반년 동안에 목표를 훨씬 웃도는 성과를 올렸다.

코스트 문제 중에는 한 사업소로서는 도저히 어떻게 할 수 없는 경영귀속적인 요소로 인한 문제도 있으며, 또 그 반대로 사업소 관리자들이 대책을 강구해야만 하는 코스트 목표도 있다. 이것들을 혼동하여 무작정 밀어붙이기만 한다면 아무 일도 이룰 수 없으며 중간관리직은 의욕을 살릴 수조차 없게 된다.

처음부터 히말라야에 오르라고 아무리 호통쳐보아야 보통 사람들은 오를 엄두도 내지 못한다. 그러나 각자의 능력에 맞게 2,000미터 또는 3,000미터의 산을 오르라고 달성 가능한 목표를 주면 어떻게 해서라도 노력하여 오르게 될 것이다.

:: SURVIVAL COMPANY 남의 떡이 더 커 보인다

| 꼼꼼함을 질투한
| A사의 입장

필자는 약속 장소에서 친구를 기다리고 있었다. 시간은 이미 5시를 지나고 있었다. 어떻게 생각하면 사람을 기다린다는 것은 귀중한 일이다. 만나기로 한 사람에 대해 이모저모 생각해 보면 얼굴을 맞대고 있을 때에는 보이지 않던 그 사람의 숨겨진 측면이 어딘가 모르게 드러나기 때문이다. 기다리고 있는 사람과 기다리게 하는 사람을 같은 거리에서 바라볼 수 있게 되는 것이다. 그리고 왠지 모르게 즐거워진다.

그와는 이럭저럭 10년 가까이 알고 지내는 사이이다. 여느 때는 시간을 잘 지키는 사람이지만 어떤 연유인지 그날만은 30분이나 늦어지고 있었다. 차분한 성격의 그가 허둥지둥 달려오는 모습을 보고 필자는 왠지 흐뭇함을 느꼈다. 그는 사과를 하면서 늦어진 이유를 다음과 같이 말했다.

그의 직장은 업계에서 손꼽히는 큰 회사이다. 그런데 최근 어떤 관청에 최신 설비를 납품했다. 그것은 거대한 4개의 로커에 들어 있는데 그 로커는 회색의 멜라민계 수지로 표면처리가 이루어진 것이다. 일단 시범제품으로 납품한 것인데 경쟁회사인 B사도 똑같은 설비를 시범제품으로 1대 납품했다. 그 관청에서는 이 두 회사의 시범설비를 같은 곳에 설치하고 시운전을 했다. 첫 시운전 때 회사 측도 입회하여 쌍방에서 많은 관계자가 참가했다. 시운전은 모두 잘되었고 클레임은 전혀 없어 일이 잘되는 것 같았다. 그러나 관계자들이 모두 마음을 놓은 것도 잠깐, 다음날 그의 회사 전무는 그 설비 제작에 관여한 임원진을 모아놓고 전날 시운전에 대해 몇 가지 지적사항을 말했다. 그때 그는 다음과 같은 꾸중을 들었다고 한다.

"B사의 제품을 보시오. 우리가 납품한 로커는 측면을 그대로 방치하고 있소. 아무리 4개의 로커를 나란히 늘어놓아서 측면이 보이지 않는다 해도 B사 로커는 방청페인트를 칠한 다음 다시 표면을 미장처리했는데 우리 것은 방청페인트만 칠했으니 녹이야 슬지 않겠지만 표면이 매끈하지가 못하지 않소? 보이지 않는 곳도 결코 소홀히 하지 않는 B사의 자세를 우리도 배워야 할 것이오. 요는 마음가짐의 문제란 말이오."

그는 전무가 몹시 책망을 한 나머지 나와의 약속 시간에 그만 늦었던 것이다. 무척 울적한 심정으로 말하는 그를 보며 필자는 그런 일이 있었냐며 그저 묵묵히 듣고 있었다.

| 원가의식에 놀란 B사의 입장

그런데 그 말을 들은 지 1주일 후, 어떤 모임에서 뜻밖에도 그 전에 함께 미국에 갔던 적이 있는 B사의 생산담당 상무를 만났다.

"상무님, 이거 참 오래만간이군요. 그래, 잘되십니까?"

"반갑습니다. 선생님도 그간 안녕하셨습니까?"

인사를 주고받은 다음 문득 얼마 전의 친구 이야기가 생각났다. 그래서 한번 이야기를 꺼내보았다.

"관청에 납품한 설비가 매우 평이 좋았다고 들었는데 참 다행입니다."

"아니 그걸 어떻게 아셨습니까? 선생님의 정보망은 참 대단하시군요. 정말 놀랍습니다. 설비 평이 나쁘지는 않았지만 우리보다는 A사의 원가의식이 굉장히 철저하더군요. 그날 시운전이 끝나고 나서 즉시 직원들을 모아놓고 훈계를 했습니다. 우리는 쓸데없는 곳에 지나치게 공을 들이고 있다고 말이죠. 로커의 미관이 문제가 되는 곳은 표면뿐이며 측면은 녹만 슬지 않으면 되기 때문에 A사는 필요 없는 곳에는 손을 대지 않았는데 우리는 쓸데없는 일에 품을 들이고 있으니 원가의식이 좀더 철저해야겠다고 말했습니다."

필자는 그만 터져 나올 것 같은 웃음을 참느라고 애를 먹었다. 이런 일은 가끔 있기 마련이다. 단순히 관점의 차이라고만 말할 수는 없다. 경영자라면 모름지기 확고한 주관을 갖고 있어야 할 것이다.

:: SURVIVAL COMPANY

세법이나 상법에 얽매이지 마라

| 재무회계적 방식의
치명적인 허점

사람들은 어떤 한 가지 논리에 사로잡히면 좀처럼 거기서 빠져나오지 못하게 된다. 필자가 어떤 회사에서 만난 사람도 그런 경우였다. 그와 함께 설비투자의 경제성 계산을 검토하는 과정에서 느낀 일이지만 그는 세법이나 상법상의 제약만이 머릿속에 깊이 박혀 있어서 필자의 말을 이해하지 못하는 모양이었다. 그가 주장하던 논법대로 한다면 다음과 같이 된다.

· 개당 5만 엔 이상의 공구는 모두 회사의 재산이므로 취득금액을 내용 연수로 나누어 연간 경비를 산출한다.
· 설비금액은 실제 구입가격대로 계산한다.

· 상각기간은 법정내용 연수에 의한다. 또 잔존가액도 인정한다.

· 매년도 상각방법은 세법상으로 유리한 정률법을 사용한다.

필자는 그 사람의 사고방식을 뜯어고치기는 매우 어렵다고 생각했지만 어디 얼마나 버티는지 보려고 설득해보기로 했다. 재무회계적인 원가계산과 하나하나의 경제성을 추구하는 계산은 그 관점이나 방식이 전혀 달라지기 때문에 이것을 혼동하지 않게 다루어야 한다. 그렇지만 재무회계적인 원가계산방식에 익숙해진 대부분의 사람들은 장부상의 원가계산 결과와 경제성 평가를 위한 코스트 계산결과는 일치해야 된다는 생각에서 빠져나오지 못하는 모양이다. 필자는 경제성 계산을 바탕으로 한 사고방식과 각 비용항목의 처리방법을 자세히 설명해주었다.

"이 공구는 5만 엔이죠? 이 공구를 사용해서 제작하는 제품수량은 어느 정도입니까?"

"현장에서 하는 말은 대체로 2만 개 정도라고 합니다."

"그 사이에 수리할 필요는 있습니까?"

"아니요, 2만 개 정도는 거의 수리 없이 하겠지요."

"그렇다면 이 문제는 이렇게 처리합시다. 5만 엔짜리 공구로 2만 개를 생산하는 것이니 제품 1개당 부가되는 공구비는 2.5엔이 됩니다. 이 2.5엔은 개당 단가에 별도로 가산하기로 합시다. 다음에는 이 설비의 구입 가격인데 견적은 1,000만 엔이라지요? 설치비도 들어 있습니까?"

"네, 물론 들어 있습니다."

"이 가격은 시중가격에 비해서 지나치게 비싸다든가 싸다든가 하지는 않습니까?"

"네, 다른 회사에서도 견적을 받아보았지만 대체로 1,000만 엔에서 1,100만 엔 정도인 것 같습니다."

"그렇습니까? 설비금액에는 문제가 없는 모양이니 이건 그대로 쓰기로 합시다. 다음에 당신은 법정내용 연수를 13년으로 계산하고 있는데, 저 설비를 앞으로 13년이나 쓸 수 있다고 보십니까? 13년이라면 세상은 굉장히 바뀔 텐데요."

"그렇군요. 나도 13년이나 쓰지는 못할 걸로 생각됩니다."

"그렇다면 몇 년 정도로 볼 수 있을까요?"

"글쎄요…."

"'글쎄요'는 안 됩니다. 사내 엔지니어하고 잘 의논해서 이 기계는 몇 년 동안 가동할 수 있는지 검토해주십시오."

"네, 잘 알겠습니다. 잘 연구해보겠습니다."

"그리고 당신은 그 설비를 사용한 후 10퍼센트의 잔존가액이 있다고 계산하고 있는데, 정말로 저 설비를 100만 엔에 팔 수 있겠습니까?"

"아니요, 10년 후쯤이면 설비도 훨씬 발달했을 테니 고철 값밖에 못 받겠지요."

"그렇습니다. 몇 해 전까지는 텔레비전이나 전기세탁기도 낡은 것을 값을 쳐서 새 제품과 교환해주었지만 지금은 세상이 바뀌어서 오히려 운임이나 버리는 삯을 주어야 할 판이니까요."

"네, 세상 참 많이 변했습니다."

"제 생각에는 이 설비가 몇 해 후에 불필요하게 될 때에는 10퍼센트는커녕 오히려 처리비용을 부담해야 할 것 같습니다. 만약 그렇게 된다면 실정을 잘 추정해서 마이너스 폐각비를 가산해야 됩니다."

"네, 그렇겠군요."

"그리고 매년 상각방법 말씀인데, 당신은 회사의 원가계산 방법을 본받아 정률법을 쓰고 있는데 그것도 정액법으로 바꾸어야 합니다. 정률법을 경제성 계산의 기초로 삼고 있다가는 큰일 납니다. 이를테면 현장에서 이런 일이 생길지도 모르죠. '자네 금년에 구입한 이 기계를 왜 쓰지 않는가? 자네는 3년 전의 낡은 기계만 쓰고 있잖나' 하고 계장이 작업자를 책망하면 작업자는

'계장님, 금년에 구입한 기계는 상각비가 높아서 도무지 쓸 수가 없습니다. 저는 원가절감을 위해 3년 전의 기계를 쓰고 있는 겁니다. 이건 시간당 상각비가 훨씬 싸거든요' 말하자면 이런 우스운 일이 벌어지게 됩니다. 그러니 정률법을 고집하는 사고방식은 이런 경우에는 잘못된 것입니다."

| 손실은 손실이고 이익은 이익이다

이러한 의견의 교환 끝에 모조리 새로 계산해서 고쳤다. 종전과는 전혀 다른 계산법이 되었고 계산결과도 물론 달라지게 되었다.

필자가 그 사람과 함께 과장에게 가서 계산내용에 대해 설명했더니 과장이 되물었다.

"선생님의 말씀은 잘 알겠습니다만 이론적으로는 확실히 그렇지만 실제 원가계산에서는 그런 코스트로 계산되어 나오지 않습니다. 그래도 괜찮습니까?"

이 과장도 마찬가지였다. 필자는 여기서도 또 재무적 코스트와 경제성 평가를 위한 코스트의 근본적인 차이점을 설명해야 했다.

코스트에 관한 사고방식이 이렇게까지 경직되어 있다니 경리과라는 이름이 무색했다. 그러나 이런 케이스와 똑같은 상황에 처한 기업은 아직도 많이 있다.

:: SURVIVAL COMPANY 메리트와 디메리트

| 내부와 외부의
경제성 비교 | 경제성을 검토하는 순서는 다음과 같다.

(1) 그 대상에서 발생하는 비용항목(비목)을 알 것

(2) 비목 하나하나에 대한 금액을 알 것

(3) 늘어나는 비용, 줄어드는 비용, 관계없는 비용 등으로 구분할 것

이 순서는 경제성 검토의 첫걸음이다.

필자의 친구가 경영하는 어떤 회사에서는 사내 교육은 거의 사내 강사에 맡기고 있었으며 외부 강사를 초빙하여 교육을 하는 경우는 극히 드물다고 한다. 그 이유는 사외 강사를 초빙하

면 강사료가 많이 들기 때문이라는 것이다. 그런데 사외 강사에게 의뢰한다면 정말로 많이 들게 되는 것일까? 이 문제를 좀 검토해보기로 하자.

사내교육에 소요되는 비용은 대체로 다음과 같다. 우선 외부 강사를 쓸 때의 비용이다.

① 외부 강사에 대한 사례비
② 외부 강사의 교통숙박비
③ 이상의 금리

교육을 받는 쪽의 비용도 들어간다.

④ 참가멤버의 인건비
⑤ 참가멤버의 출장비
⑥ 교육 장소비
⑦ 다과 서비스비
⑧ 훈련을 위한 기자재 및 교재비
⑨ 사무용 소모품비
⑩ 교육을 위한 연락 등에서 발생하는 사무코스트
⑪ 이상의 금리

또 사내 강사를 이용했을 경우의 비용은 다음과 같다.

⑫ 사내 강사의 강의준비와 교재작성을 위한 개별사무비

⑬ 사내 강사에 대한 사례비

⑭ 사내 강사의 인건비

⑮ 경우에 따라서는 사내 강사의 출장비

⑯ 이상의 금리

그런데 여기서 ④~⑩까지의 비용은 외부 강사에 의뢰하나 사내 강사에 의뢰하나 마찬가지이다. 사외 강사를 초빙할 경우에는 ①~③까지의 비용이 발생하며 사내 강사에 의뢰할 경우에는 ⑫~⑯까지의 비용이 발생한다. 경제성을 검토할 경우에는 이 양자를 비교하면 되는 것이다. 금리는 실상 몇 푼 안 될 것이므로 계산을 간단히 하기 위해서 일단 제외하고 계산해보기로 하자.

| 외부 강사 초빙의 계산 사례 | 가령 2일간의 강습을 한다고 하고 외부 강사를 초빙했을 경우를 보자.

○ 사례비가 3,5000엔, 2일 동안 7만엔

○ 교통숙박비는 2일 동안 평균 1만 2,000엔

따라서 합계 8만 2,000엔을 지출하게 된다.

마찬가지로 2일간의 강의에 사내 강사를 이용할 경우의 계산이다.

○ 사내 강사의 강의 준비 및 교재작성 사무비는 하루 평균하여 7,000엔, 1주일 걸리면 4만 9,000엔

○ 사내 강사에 대한 사례비는 하루 1,000엔으로 쳐서 2일에 2,000엔

○ 강의를 하기 위한 사내 강사의 인건비는 하루 5,600엔, 2일에 1만 2,000엔

⑮번의 출장비는 없다고 해도 합계 6만 2,200엔이 들게 된다. 이 예로 본다면 확실히 사내 강사가 외부 강사보다 2만 엔 정도 싸게 먹히는 계산이 나오지만 그 밖의 메리트와 디메리트도 고려하지 않으면 안 된다.

사외 강사의 경우에는 다음과 같은 메리트가 있다.

· 강의에 설득력이 있다

· 여러 가지 사례를 들며 화제도 풍부하다

· 결석자도 적으며 모두 열심히 듣는다

그렇지만 사내 강사의 경우에는 아무리 훌륭한 말을 해도 일

상에서 보이는 그 강사의 언행을 너무나 잘 알고 있기 때문에 아무래도 설득력이 약할 수밖에 없다.

| 각각의 메리트를
철저히 검토하라

모든 일은 이와 같이 여러 가지 각도에서 관찰하여 메리트와 디메리트를 계산해보아야 한다. 이런 경우 독자 여러분은 어느 쪽이 가치가 있다고 생각하는가?

"선생님은 사내 강사의 비용 중 강의 준비와 텍스트 작성을 위한 비용을 4만 9,000엔으로 잡고 있지만 두 번째 이후에는 그 비용이 들지 않으니 굉장히 메리트가 큰 것 아닙니까?"

이렇게 질문할지도 모른다. 그렇다면 필자는 이렇게 대답할 것이다.

"사내 강사도 여러 차례 강의를 하게 되면 여러 사람 앞에서 말하는 것이 매우 익숙하게 될 겁니다. 그러는 가운데 자신이 생겨 일류강사가 되면, 회사를 그만두고 전문 컨설턴트나 강사로 나서려 할지도 모르죠. 만약 그런 사람이 그만두게 된다면 회사로서는 그동안 강사 양성을 위해 쓴 막대한 돈(적어도 1,000만 엔 이상)을 날리게 되는 셈입니다."

차액코스트란 무엇인가 :: SURVIVAL COMPANY

| 제조코스트가 올라가도
| 이익을 볼 수 있는 이유

경제성을 검토하는 경우에는 증감하는 비용, 즉 '차액코스트'만을 문제로 삼아야 한다. 경제성을 검토할 때 이것은 매우 중요한 의미를 지니고 있다. 단지 원가와 원가를 비교해서 우열을 가리는 것이 아니라 양자간의 차액코스트만을 잡아내어 문제로 삼아야 하는 것이다.

A, B 두 종류의 설비가 있다고 하자. A기는 새로 구입한 신예기이며 한 시간 가동시키면 800엔의 비용이 든다. B기는 구식 설비로서 성능도 별로 좋지 못하다. 이것을 한 시간 가동시키면 600엔이 든다. 그런데 이 회사에 K라는 제품의 주문이 들어왔

다. 이 K제품을 제작하기 위해서는 A기로 개당 0.1시간, B기로 하면 0.13시간이 걸린다. 각 기계의 원가(가공비)를 계산해보니 A기로는 800엔×0.1로 80엔, B기로는 600엔×0.13으로 78엔이 된다. 그 결과 B기를 쓰면 제조원가가 2엔 싸지면서 이익이 있다는 계산이 나왔다.

그러나 한 시간 800엔의 A기는 고정비가 400엔이며 시간비례비도 400엔이었다고 한다. 또 B기는 시간당 600엔 중 고정비가 250엔이며 시간비례비는 350엔이라고 하자. 이렇게 되면 A기의 고정비 400엔과 B기의 고정비 250엔은 양자의 우열을 비교할 경우에는 상관없는 비용이 된다. 왜냐하면 A기를 가동시키고 있을 때 B기는 놀고 있으며 B기를 가동시키면 A기가 놀게 되어 이 경우 어떤 쪽에서든 고정비는 들기 때문이다.

그런데 이런 상황에서 주문을 받은 K제품을 A기로 할 것인가 B기로 할 것인가를 비교 검토하기 위해 차액코스트를 계산해보면 A기로는 시간비례비 400엔×0.1로 40엔, B기로는 시간비례비 350엔×0.13으로 45.5엔이 된다. 따라서 B기를 쓸 경우에는 A기보다 개당 5.50엔이나 더 많은 비용이 발생한다는 사실을 알게 된다.

이상과 같이 코스트의 높고 낮음만으로 경제성을 결정하지 말고 비교 검토해야 할 차액코스트는 무엇인가를 충분히 살핀 다음에 손실과 이익의 판정을 내리는 것이 중요하다. 제조코스트가 올라가도 경제성 관점에서는 이익이 되는 경우는 실제로 얼마든지 있기 때문이다.

| 원가절감 방안이
| 손해를 부른 경우

다시 다음과 같은 문제를 검토해보자. 자사제품에 사용하기 위해 전용기계를 써서 특수나사를 제작하는 어떤 회사에서 그 나사의 원가계산을 해보았더니 개당 40엔(재료비 20엔, 고정비 8엔, 시간비례비 12엔)이 먹혔다. 원가절감의 참고로 삼기 위해 어떤 나사전문 회사에 그 특수나사의 견적을 받아보니 구매를 위한 관리비를 포함해서 개당 35엔으로 구입할 수 있다는 것을 알았다. 구매담당자는 그렇다면 원가절감이 된다고 생각하여 우선 1만 개를 외주 구매하기로 했다. 과연 얼마나 남았을까?

독자 여러분은 이미 아시겠지만 사내의 제조원가 개당 40엔 중 전용기가 있기 때문에 발생하는 고정비 9엔은 사내에서 제작하든 외부에 주문하든 변함없이 발생하는 비용이며 양자를 비교할 경우에는 상관없는 비용이다. 따라서 사내의 증감비용은 재료비 20엔과 시간비례비 12엔을 합한 것, 즉 32엔이며 이것을 외부에서 구입하기 위한 증감비용 35엔과 비교해야 하는 것이다. 이 바이어는 1만 개를 외주함으로써 개당 3엔의 손실, 즉 3만 엔의 손실을 회사에 끼치게 된 것이다.

그렇다면 다음 문제를 잘 생각해보기 바란다. 현재 2공정으로 프레스 가공을 하고 있는 부품이 있다. 이것을 1공정으로 할 수 있는 합리화안이 나왔다. 2공정일 때의 코스트는 15엔이며 그중에는 금형 값이 개당 5엔씩 포함되어 있는데 그 금형으로 앞으로도 5,000개는 가공할 수 있다. 1공정으로 합리화하면 새로 만드는 금형값을 포함해서 개당 12엔이 되는데 과연 바꿔야 할 것인가?

이상한 나라의 원가 계산

:: SURVIVAL COMPANY

| 품이 더 들수록
이익이 난다?

본래 2공정으로 할 수 있는 일을 5공정이나 들여서 하다 보니 그 부품만으로 무려 연간 452만 엔의 이익을 보고 있던 회사가 있다. 손해를 보고 있다면 이해가 가겠지만 이익을 보고 있다니 뭔가 잘못된 것이 아닌가? 확실히 상식적으로 생각하면 이상한 일이지만 이것은 분명 실제로 있었던 일이다.

사가미하라에 있는 이 회사는 어떤 큰 회사의 협력기업으로 프레스와 판금만 전문으로 하고 있다. 이 회사에서는 어떤 대형 프레임을 500톤 프레스를 사용하여 5공정으로 가공하고 있었다.

"500톤이나 파워가 있으면 구태여 5공정으로 할 건 없지요.

당연히 2공정으로 될 수 있을 거예요."

우리 회사의 컨설턴트가 자신 있게 새로운 금형 형태를 스케치해서 보이며 생산과장에게 설명했더니 그 생산과장이 웃으면서 말했다.

"선생님, 저희도 그 점은 잘 알고 있어요. 확실히 2공정으로도 되는 일이죠."

"그럼 왜 즉시 개선하지 않지요?"

"그게 글쎄 2공정으로 할 수도 있지만 2공정으로 하면 손해를 본답니다."

"그게 무슨 말입니까?"

"실은 납품처 발주담당자가 우리 공장의 작업공정을 조사하러 와서 공정별로 원 편치에 얼마라는 식으로 가공비를 줍니다. 5공정으로 하면 5공정분을 받는데 그걸 억지로 2공정으로 하면 2공정분밖에 못 받게 됩니다. 그렇게 되면 이익의 절대액이 줄게 됩니다. 손해가 날 것이 뻔한데 뭐 하러 바보처럼 개선을 하겠습니까?"

우리 회사 컨설턴트는 어처구니가 없어 벌린 입이 다물어지지 않았다고 한다. 도대체 그 회사에 프레임 가공을 발주하는 바이어는 무엇을 사려고 하는 것일까? 공정을 사려는 것일까? 아니면 거래처가 낳고 있는 부가가치를 사려는 것일까?

| 사흘 된 시금치가
| 더 비싼 이유

아마도 이 바이어는 조르주 루오와 피에르 보나르의 그림을 보고 '조르주 루오의 그림은 비싸고 피에르 보나르의 그림은 싸다'고 말할 것이다. 왜냐하면 조르주 루오의 그림은 물감을 많이 써서 진하게 채색되어 있는 반면 피에르 보나르의 그림은 거의 재료비가 들지 않았기 때문이다.

이 바이어가 초밥집을 하고 있다면 다음과 같은 방식으로 장사를 할지도 모른다.

"생새우 좀 주세요."

바이어의 초밥집에서는 생새우 초밥을 두 개 내놓는다. 손님이 그것을 먹고 나서 이렇게 묻는다 치자.

"생새우는 얼마입니까?"

"네, 하나에 500엔입니다."

"그거 참 비싸네요. 그럼 이 삶은 새우를 주세요."

"네, 잘 알았습니다."

삶은 새우 초밥을 두 개 내놓는다.

"이 삶은 새우는 얼마요?"

"네, 그건 520엔입니다."

"아니 그럴 수가 있소? 싱싱하게 살아 있는 생새우가 500엔인데 삶은 새우가 그보다도 비싸다니 말이 안 되지 않습니까?"

"그렇지만 손님, 잘 생각해보세요. 생새우는 재료 그대로지만 삶은 새우에는 불값, 물값과 품이 더 들었지 않습니까."

또 이 바이어에게 구멍가게를 시켜보자. 아주머니가 50엔을 들고 시금치를 사러 온다. 그러나 구멍가게에 50엔의 시금치는 없다. 진열된 신선한 시금치는 한 단에 70엔이다. 그런데 얼핏 보니까 가게 안쪽에 팔다 남은 시금치가 있다.

"아저씨, 저기 저 시금치를 50엔에 팔지 않겠어요?"

그러면 이 바이어는 버럭 화를 낼 것이다.

"아니 뭐라고요? 오늘 들어온 시금치는 70엔인데 저 시금치는 사흘 전에 들여놓은 것이라서 재고유지비와 금리가 붙었으니까 73엔은 받아야 돼요."

이 바이어는 도대체 무엇을 구매코스트 기준으로 삼고 있는 것일까?

시간당 가공비와
다단계 공정

:: SURVIVAL COMPANY

| 시간에만 집착하는
| 깐깐한 바이어

정확한 구매코스트 기준을 갖추지 못한 회사에서는 날마다 엄청난 손실을 보고 있다고 보아도 무방하다. 그래서 필자는 구매코스트 기준을 확고하게 정하라고 하는데, 그러면 "선생님, 저희도 구매코스트 기준 정도는 있습니다"라고 대답하는 바이어가 적지 않다. 그래서 어떤 기준인지 살펴보면 시간당 가공비를 구매코스트 기준이라고 여기는 경우가 태반이다. 이런 바이어는 물건의 구매가격 그 자체보다도 가공비율의 싸고 비싼 것만을 문제로 삼는, 참으로 딱한 바이어들이다.

"저희 회사에서 규정한 가공비 기준은 시간당 500엔에서 550

엔이며 이 이상 인정할 수는 없습니다."

이런 말을 흔히 듣지만 요즘에는 이렇게 낮은 가공비율로는 작업할 수가 없을 것이다. 그러나 가공비율을 깎고 이것을 낮게 눌러놓으면 구매코스트 기준이 싸기 때문에 좋다고 생각한다. 적어도 시간당 800엔은 되어야 할 가공비율을 시간당 550엔에 억지로 묶어놓으면 어떤 현상이 일어날 것인가? 이대로면 외주 가공업은 도산하지 않을 수 없는데 그럴 수는 없는 것이다. 그래서 가공비율이 깎이면 필요한 가격을 유지하기 위해 시간을 많이 늘려서 견적을 작성한다. 이 견적을 보고 바이어도 가만히 있지 않는다. 저 밑에서 시어머니 근성이 피어오른다.

"아니, 이 절삭가공이 어떻게 한 시간이나 걸린단 말입니까?"

"실제로 그렇게 걸립니다."

"말도 안 되는 소리 마세요. 한 시간이나 깎아대면 그림자도 남지 않을 거요."

"…"

"그리고 이 조립은 얼마나 걸리나요?"

"네, 10분이 걸립니다."

"겨우 나사 4개를 조이는 것뿐인 조립입니다. 4개에 10분이라면 한 개에 2분 30초가 걸리겠지요. 그렇다면 내가 지금 실제로

이 작업을 해볼 테니 잠깐 시간을 측정해주시죠."

바이어는 자기가 직접 나사를 하나 죄어 보였다.

"자, 몇 분 걸렸습니까?"

"12초니까 0.2분입니다."

"그것 보세요! 나머지 2, 3분은 어떻게 한다는 겁니까? 더 이상 조이다간 나사가 부러지고 말거요! 저는 그런 불량품을 납품해달라고 한 기억이 없어요."

"…"

| 공정을 늘려 골탕 먹이다

이미 이쯤 되면 엉망진창이다. 깎아놓은 가공비를 충당하느라 시간 핑계를 대면 그것 역시 꼼짝 못하게 막아버린다. 외주담당자는 몹시 화가 나지만 어떻게 해서라도 그 압력에서 벗어나려고 필사적이다.

"선생님, 모회사에서 언제나 이런 식으로 밀어붙여서 죽을 지경인데 무슨 좋은 방법이 없을까요?"

이런 하소연을 흔히 듣게 된다. 그래서 필자는 본의는 아니지만 다음과 같이 가르쳐준다.

"그런 바이어 얘기는 가끔 듣는데, 그럴 땐 이런 수법을 쓰면 어떨까요? 제일 좋은 방법은 바이어의 결점을 이용하는 겁니다. 바이어는 시간당 가공비율이나 간단한 부품의 가공작업시간에 대해서는 대체로 어느 정도라는 걸 알고 있지만 그게 어떤 공정으로 만들어지는지는 잘 모릅니다. 그러니까 가공공정을 늘리면 되는 겁니다."

"하하하, 그래요? 그런데 어떻게 늘리면 됩니까?"

"예를 들면 본래 굽힘 가공을 할 때 1공정이면 되는 것을 한번 구부리고 다시 또 고쳐 구부리고 각도 교정, 각도 점검 따위로 잇따라 공정수를 늘려서 견적을 내면 되지요. 바이어는 가공비율과 시간을 검토하고 나서 가공비율과 가공시간은 문제가 없지만 공정수가 너무 많다고 따져 물을 겁니다. 그러면 '네, 하지만 이 제품은 굉장히 정밀도가 높고 품질관리상의 문제도 여러 가지 지시를 받고 있어서 당사가 그 품질수준을 유지하려면 그렇게 공정수가 늘어납니다' 라고 그럴듯하게 대답하면 되는 겁니다. 그런 것은 바이어도 잘 모르기 때문에 그럴지도 모르겠다고 생각하여 이쪽 견적대로 결정됩니다. 그러면 결국 바이어는 싸게 사는 게 아니라 오히려 비싼 제품을 사게 되는 거지요. 이 다음에 새 주문이 오면 한번 이 수법을 써보시면 어떨까요?"

뛰는 놈 위에 나는 놈 :: SURVIVAL COMPANY

| 0퍼센트에
숨겨진 비밀

도쿄의 한 전기기기 회사에서는 현재 열심히 구매코스트 기준을 작성하고 있다. 이 회사가 이런 일에 손을 댄 것은 많은 실패와 문제점에 부딪혀왔기 때문이다. 이 회사에는 구매과장이 2명이나 있었다. 제1구매과장인 O씨는 업자가 견적을 제시하면 반드시 10퍼센트를 깎는 것을 철저히 지키고 있었다. 그래서 제1과의 구매담당자들은 과장의 방침에 따라 업자가 견적을 가지고 오면 반드시 가격인하 교섭을 했다.

"너무 비싸네요. 10퍼센트 정도는 낮출 수 있겠죠?"

"그런 식으로 무작정 깎기만 하면 어떻게 합니까? 저희 사정도 좀 봐주세요."

그런 말이 오가면서도 결국은 깎아주지 않을 수 없게 된다. 이런 일이 여러 차례 계속되면 업자도 바보가 아닌 이상 요령 있게 빠져나가는 방법을 취하게 된다.

"그 회사는 견적을 내면 반드시 10퍼센트를 깎으려고 하니까 아예 10퍼센트를 더 얹어서 실속을 차려야 해요."

"예, 걱정 마세요. 이번에는 틀림없이 15퍼센트를 보태놓았으니까요."

그래서 이 견적을 거래처 구매과에 제시하면 예의 '10퍼센트 깎기'가 시작된다. 업자도 그 정도는 잘 알고 있어서 한동안 버티다가 상대방의 체면을 살려주는 척하고 10퍼센트를 깎는 것에 동의한다. 그러고는 마음속으로 중얼거린다.

'흥, 아무리 그래봐라. 우리는 5퍼센트 벌었다.'

그런데 어느 날 이 구매과장 O씨가 복도에서 업자들이 주고받는 이야기를 엿듣게 되었다.

"이 회사는 지불조건은 그런대로 괜찮지만 늘 10퍼센트를 깎으려 들기 때문에 참 곤란해요."

"그렇죠, 저희도 마찬가지랍니다. 그래서 요즘은 아예 깎이게 될 10퍼센트를 미리 보태서 가져오지요."

"허허, 그거 참 영리하시군요."

그들은 웃으면서 이런 말을 주고받고 있었다. 이것을 엿들은 과장은 비로소 자신의 실수를 깨달았다는 것이다.

또 한 사람 제2구매과장 P씨는 구매코스트 기준 강습회에 나와 호언장담했다.

"저도 코스트에 대해 공부하고 있어요. 선생님 말씀대로 하지 않아도 저희는 문제없습니다."

그는 현재 자신이 쓰고 있는 방법으로도 충분하다고 주장하고 있었다. P씨의 방법이란 다음과 같은 것이었다.

"저희 회사는 아시는 바와 같이 초일류회사이며 좋은 부품을 납기대로 납품만 시킨다면 일반 여성이라도 바이어가 될 수 있습니다. 일이야 저희 회사 간판만 내세우면 누구나 할 수 있는 것입니다. 그러나 바이어가 진실로 우수한가 어떤가는 1년 동안에 얼마나 값을 내렸는가에 따라 결정되지요. 그래서 저는 연간 가격인하액을 보너스 사정의 참고자료로 삼아 여러 직원들에게 분발하게 하고 있습니다."

| 요령만 늘게하는
| 어설픈 전략

처음에는 이 방법도 성과가 있었을지 모른다. 바이어도 진지하게 몰두했을 것이다. 그러나 이런 방법은 그다지 오래가지는 못한다. 이 회사의 바이어들은 차츰 겉으로만 그런 방식을 취할 뿐 모두가 다음과 같은 방법으로 요령 있게 처신하게 되고 말았다. 우선 규정대로 견적을 받는다. 이를테면 A사가 100엔, B사가 130엔, C사가 140엔이라는 3개의 견적을 받으면 A사의 담당을 불러 교섭한다.

"이 100엔은 잘못된 것 아닙니까? 120엔 정도 들 것으로 아는데 다시 검토해서 120엔으로 고쳐서 견적서를 가져오세요."

"그래도 괜찮습니까?"

"상관없어요. 내가 양해하고 있으니까."

"그렇습니까? 잘 알겠습니다."

A사 담당자는 회사로 돌아가서 견적서를 120엔으로 고쳐가지고 다시 제출한다. 바이어는 3개사의 견적서를 갖추어 과장에게 설명하고 A사가 제일 싸니까 A사에 발주하는 게 좋겠다고 말해 2개월 정도는 120엔으로 발주한다. 그런 뒤에 다시 A사의 담당을 불러 예정했던 행동으로 나선다.

"다음 달부터는 이걸 100엔에 납품해주세요."

그것은 당초 100엔에 견적이 들어왔던 것이기 때문에 흔쾌히 20엔의 가격인하가 실현된다. 이런 일을 거듭해서 반기분 발주 수량에서 값을 내린 총액을 계산한다.

"과장님, 제가 값을 내린 액수는 반기에 이 정도나 됩니다."

"자네 매우 잘해주었군. 수고했네."

과장은 실정을 모르기 때문에 넘어가버린다.

| 가격만 낮추면 만사 오케이?

회사에서는 해마다 새로운 기종이 나오므로 이런 방식으로 계속 값을 조정한다면 바이어로서는 자기의 실적을 올리기가 누워서 떡 먹기보다 더 쉬워진다. 그러나 이런 방법도 결국은 탄로가 나고 말았다. 이 문제 때문에 난처하게 된 P과장은 나한테 의논하러 왔다.

"선생님, 역시 안 되겠어요. 만약 이런 일이 부장님 귀에라도 들어가면 큰일입니다. 이제부터 구매코스트 기준을 만들어서 정확한 평가를 해야겠다는 생각이 들었습니다. 지도를 부탁드리고 싶습니다."

이는 아마도 모든 회사에서 생각해야 할 문제가 아닐까. 독자가 다니는 회사에도 다음과 같은 문제는 틀림없이 있을 것이다.

① 견적을 몇 퍼센트 낮추는 데 성공했다.

② 납기를 지키기 위해 특급 주문을 내고 그러면서도 코스트는 보통대로 억제되었다.

③ 소량의 물건도 양산품과 같은 값으로 구입하는 데 성공했다.

④ 한 시간의 가공비율을 낮게 억제하고 있다.

⑤ 소요시간을 단축하는 데 성공했다.

⑥ 외주이익률이 높기 때문에 낮게 억제하고 있다.

⑦ 금형값이 비싸기 때문에 이를 낮게 억제하고 있다.

이런 일들은 얼핏 보면 잘한 것으로 착각하기 쉽다. 그러나 실제로는 조금도 이익이 되지 않는다고 생각하는 편이 옳다.

1미터의 길이
:: SURVIVAL COMPANY

| 모두가 다르게
| 책정하는 1미터

칠판에 약 1미터 길이의 직선을 긋고 강연회 참가자들에게 그 길이가 몇 센티미터냐고 물어본다. 20명 이상의 참가자가 있다고 하면 그 대답은 대체로 최저 70센티미터 정도에서 최고 150센티미터 정도까지의 차이가 생긴다. 이상하게 생각할지 모르지만 몇 번을 해보아도 대부분 그렇게 된다. 이 경우 자를 사용하면 누가 재든 ±1퍼센트 정도의 오차범위에 들어오지만 각자의 감각적인 판정기준으로 평가하면 약 2배의 차이가 나는 것이다. 이어 연단에 있는 물병을 들고 물병의 무게는 어느 정도인지를 물으면 최저 400그램에서 최고 1.6킬로그램까지 차이를

나타낸다. 4배 정도나 차이가 나는 것이다. 만약 이것을 한 사람 한 사람 저울을 이용해 달아보면 마찬가지로 ±1퍼센트의 오차 범위 안에 들어갈 것이다. 자신은 이 분야에서는 전문가라고 생각하고 있지만 자를 갖고 있는 것과 그렇지 않은 것 사이에는 큰 차이가 있는 것이다.

| 들쑥날쑥한 코스트 산정

간토 북부의 유명한 회사에서 바이어의 코스트 교육을 했을 때 총원 60명이 참가했다. 첫날에는 수강생들이 필자의 설명을 열심히 들으려 하지 않았다. 전체적으로 교육을 받으려는 분위기가 되어 있지 않았기 때문에 나는 화제를 돌려서 다음과 같은 말을 했다.

"여러분들을 둘러보니 다들 이런 말을 하고 싶다는 표정을 짓고 있습니다. '선생님은 그저 대학교수일 뿐이니 이론적인 것만 가르치려 들겠지. 하지만 우리는 5년에서 10년씩이나 이 일을 전문적으로 하고 있는 프로들이야. 선생님이 생각하고 있는 코스트이론을 도입한다고 해도 잘되리라고는 보장 못 하는 게 현실이지. 회사에는 구매정책이라는 것이 있어서 한 가지 물건을 발주하는 데도 저코스트형, 기술의존형, 경기조정형, 분공장형

등등 코스트를 정하는 데도 여러 가지로 바뀐다고. 또 코스트 결정방법에도 지정가방식, 적산방식, 협상방식, 입찰방식 등 여러 가지 방식이 있지. 또, 저 회사는 우리 계열사라거나 협력회사라거나 완전한 개방형이라는 식으로 구매방침에 따라 코스트도 달라지고. 따라서 물건 코스트는 얼마라는 식으로 획일적으로 정할 수 없어. 그런 척도는 계산식으로 딱 잘라 마련할 수 없단 말이야' 라고요. 여러분은 아마 이렇게 말하고 싶겠지요?"

필자의 말에 수강생들은 비로소 크게 웃었다. 그중에는 연신 머리를 끄덕이는 사람도 있었다.

"실은 이럴 줄 알고 좀 전에 구매부장님에게 여러분이 잘 알고 있는 부품 한 가지를 빌려왔습니다. 이 부품은 이 지방의 한 협력공장에 지정가로 발주하고 있는 것입니다. 매월 발주 개수는 2,000개이며 연말까지는 설계변경을 하지 않습니다. 재료는 0.8밀리미터 아연철판이며 작업공정은 다음과 같습니다."

필자는 이 부품의 작업공정을 칠판에 조목조목 썼다.

"자, 여러분이 알고 싶은 조건은 모두 말해드리지요. 이제부터 두 분이 한 팀이 되어 이 제품의 코스트 견적을 내주세요. 재료비 가격표나 타임테이블이 필요하다면 직장에서 가져와서 하셔도 좋습니다."

그로부터 30분 정도 지나서 이 30개팀의 멤버들은 각각 발주가격 견적을 냈다. 그 견적가격을 팀별로 기입해서 제출토록 했다. 이들 수치를 차례로 읽어 칠판에 써보니 계산상의 실수를 한 팀을 제외하고는 최저가 5엔, 최고가 45엔이었다. 무려 9배의 차이가 났던 것이다. 또한 이 9배의 차이도 산모양의 분포로 되어 있는 것이 아니라 5엔에서 45엔까지 평탄한 분포로 나타났다. 필자는 이런 실험을 히로시마나 오카야마에서도 실시한 일이 있다. 그때에도 8배에서 12배의 차이가 났었다. 그걸 보여주면 어떤 회사의 구매부장이든 놀라지 않을 수 없을 것이다.

"이렇게 차이가 날 줄은 몰랐군요. 이런 사람들이 돈을 쥐고 구매를 담당한다는 걸 생각하니 기가 막힙니다."

| 길이를 재는 데는 자가 필요한 법

그러나 이것이 구매부문 코스트의 실태이다. 만약 지정가 발주일 경우에도 이런 일이 그대로 재현된다면 엄청난 일이 벌어지며 회사의 신용이 문제시될 것이다. 게다가 이것이 수익성에 미치는 영향은 매우 크다. 만약 견적서를 제출하게 하는 경우에는 어떻게 될 것인가? 바이어는 10엔으로 견적했는데 상

대에게서 20엔이라는 견적이 나오게 되면 이런 말밖에 못 할 것이다.

"이런 견적이 세상에 어디 있습니까? 갑절이나 비싸다니 말도 안 됩니다."

이와는 반대로 45엔 정도라고 예상한 바이어에게 30엔이라는 견적이 들어오면 '45엔 정도로 알았는데 30엔이라, 이거 무척 싸군' 하고 생각하겠지만 언제나 하던 식으로 억지를 부려 10퍼센트의 값을 깎아내린 후에 매우 싼값에 샀다고 생각할 것이다.

우주개발이니 해양개발이니 과학은 나날이 진보한다. 그러나 구매부분은 이처럼 구태의연한 낡은 방식을 답습하고 있다. 지금이야말로 코스트에 대한 잘못된 이론, 어중간한 판정기준을 말끔히 털어 없애고 근대화를 향해 탈피해나가야 할 때다.

구매코스트 기준을 세우자 :: SURVIVAL COMPANY

| 구매코스트 기준의 중요성

지금까지의 설명으로 구매코스트 기준을 갖추는 것의 중요성을 잘 알았으리라 믿는다. 구매코스트 기준을 설정할 때 최대의 초점은 현재 거래처나 구매처의 생산기술과 제조 실태 같은 것에 전혀 구애받지 말고 '이 물건은 어떻게 만들 것인가' '이 물건은 얼마로 구입할 것인가' 하는 표준을 정해야 한다는 것이다. 이것은 코스트 가치를 이론적으로 평가해나가는 것이며 구매자나 판매자는 각각 코스트 가치에 대한 관점이 완전히 다르다. 그렇지만 단순히 값을 깎기 위해 터무니없이 싼 견적을 내는 기준은 아니다. 이렇게 하면 이 정도의 값

이 된다는 이론적인 근거를 갖고 있어야 한다. 간단한 예로 설명해보자.

4톤의 화물을 운반할 경우에는 4.5톤, 4톤 또는 5톤 트럭으로 운반하는 것이 상식인데 만약 이것을 1톤 트럭으로 4회 운반하거나 10톤 이상의 대형트럭으로 운반할 경우, 이 때문에 발생한 모든 코스트를 인정하지는 않는다는 사고방식이다. 마찬가지로 매월 몇 만 개씩 가공하는 프레스 제품은 업자가 한 개짜리 금형으로 생산하고 있더라도 세 개짜리 금형으로 생산하는 것으로 해서 코스트를 산정한다. 또 매월 몇 개씩 가공하는 선반절삭가공제품은 보통선반으로 깎고 있다고 해도 그것은 당연히 터리트 가공으로 하는 값으로 발주해야 할 것이다. 그 이론적 근거에는 두 가지 표준이 있으며 그것은 다음과 같다.

① 기술적 측면의 표준은 기술의 일반적 수준 또는 그 기술동향 등을 고려한 바람직한 상태를 잡는다.
② 관리면의 표준은 일본의 건전한 기업의 평균 상태를 잡는다.

모든 코스트 항목을 정량화하라

이와 같은 표준의 패턴을 생각해서 그 제품의 표준공정, 표준적인 설비, 기계적인 공구 및 도구, 표준작업조건과 표준작업방법을 결정한다.

그리고 다시 그 제품의 가공시간과 작업능률이나 노동시간효율 등도 산출한다. 또 설비비나 인건비, 그 밖의 여러 가지 경비의 표준도 결정한다. 이를테면 일반적인 선반공의 시간당 인건비는 전국 평균으로 얼마인가, 이 물건은 몇 분에 작업할 것이다, 작업능률은 몇 퍼센트가 되어야만 일반적 수준이 되는가, 하는 식으로 모든 코스트 항목을 표준적으로 잡아서 정량화하는 것이다.

이것을 거래처가 제시한 견적과 대비하면 재료선정의 적합성, 작업공정의 우열, 작업효율의 정도, 사용설비의 타당성, 가동률 등을 명확하게 알 수 있을 것이다.

그리하여 만약 이 차이가 클 경우에는

① 코스트 견적의 내용을 철저하게 조사하고,

② 그 차이는 무엇에 기인하고 있는가를 조사한 후,

③ 그것은 어쩔 수 없는 차이인가 또는 대책을 세우면 개선할 수 있는 것인가를 확인한다.

이런 방책을 취함으로써 개선방향을 시사하거나 개선목표를 부여하여 쌍방이 합의한 단계에서 거래함으로써 발주측과 수주측이 다 함께 발전해나가는 것이다.

옮긴이 강을수

충남대 수학과를 졸업하고 JEMCO 서울지사장으로 재직 중이다.
번역서로는 『원점에 서다』(2007, 페이퍼로드)가 있다.

살아남는 회사

초 판 1쇄 발행 | 2007년 7월 30일
초 판 4쇄 발행 | 2009년 7월 20일

지은이 | 사토 료
옮긴이 | 강을수
펴낸이 | 최용범
펴낸곳 | 페이퍼로드

기 획 | 송병규
편 집 | 허슬기
교 열 | 김정선
마케팅 | 김경훈, 윤성환

주 소 | 서울시 마포구 연남동 563-10 2층
전 화 | 326-0328, 6387-2341
팩 스 | 335-0334
이메일 | paperroad@hanmir.com
출판등록 | 2002년 8월 7일(제 10-2427호)

ⓒ 사토 료, 1973

ISBN 978-89-958266-8-3 03320

책값은 뒤표지에 표시되어 있습니다.
잘못된 책은 구입한 곳에서 바꾸어드립니다.
이 책은 저작권법에 따라 보호받는 저작물이므로 무단전재와 무단복제를 금합니다.